企业及其供应链数字化转型：
ICT、数字化能力与可持续发展

赵军　著

中国水利水电出版社
www.waterpub.com.cn
·北京·

内 容 提 要

本书分理论、研究和决策三篇。理论篇讲述了可持续供应链实践与信息技术的核心概念与理论基础。研究篇以HW和FR公司为案例，分析供应链信息技术体系与可持续实践的关系，推导概念模型，并以中国制造企业数据验证，为研究与管理提供新视角。决策篇融合ICT技术、数字化整合与可持续供应链实践，构建数字化成熟度评估模型，实现学术到实践的转变，为企业提供指导。

本书适合供应链、物流、IT/CT研究人员及政策制定者等相关读者阅读。

图书在版编目（CIP）数据

企业及其供应链数字化转型：ICT、数字化能力与可
持续发展 / 赵军著 . -- 北京：中国水利水电出版社，
2024.7. -- ISBN 978-7-5226-2684-0

Ⅰ．F426.4-39

中国国家版本馆 CIP 数据核字第 2024QM5223 号

书　　名	企业及其供应链数字化转型：ICT、数字化能力与可持续发展 QIYE JI QI GONGYINGLIAN SHUZIHUA ZHUANXING：ICT、SHUZIHUA NENGLI YU KECHIXU FAZHAN
作　　者	赵军　著
出版发行	中国水利水电出版社 （北京市海淀区玉渊潭南路 1 号 D 座　100038） 网址：www.waterpub.com.cn E-mail：zhiboshangshu@163.com 电话：（010）62572966-2205/2266/2201（营销中心）
经　　售	北京科水图书销售有限公司 电话：（010）68545874、63202643 全国各地新华书店和相关出版物销售网点
排　　版	北京智博尚书文化传媒有限公司
印　　刷	三河市龙大印装有限公司
规　　格	170mm×240mm　16 开本　12.25 印张　226 千字
版　　次	2024 年 7 月第 1 版　2024 年 7 月第 1 次印刷
定　　价	69.00 元

序 言 一

近年来，供应链管理领域不断强调两个议题，一是企业及其供应链数字化转型，二是可持续管理政策在供应链中的实施。企业显然已经意识到以上问题，并尝试将这两个议题整合起来以应对供应链未来发展的需要：一方面，企业不断推动内外部信息技术（Information Technology，IT）的深入应用，以确保企业及其所在供应链的竞争优势，并为未来可持续供应链实践奠定基础；另一方面，推动可持续政策应用在供应链实践过程中依然面临诸多阻碍，如组织内外部缺乏对可持续思想的理解。信息无法及时传输，以及内部沟通不当等，这些阻碍因素说明，与传统供应链实践相比，可持续供应链实践中可能需要更高效的协作、更及时的信息传输和更透明的流程，推动供应链协作模式进化在供应链践行可持续实践中至关重要。传统供应链领域频繁出现的"信息技术价值悖论"现象在企业践行可持续供应链实践过程中同样无法避免，IT 应用深度不足已经成为阻碍可持续供应链实践最重要的因素之一。企业也发现，在寻求可持续政策的落地中，相较于强调可持续文化，推动 IT 的深度应用在实现供应链可持续目标时可能更有效。

学术界在供应链管理和信息系统领域研究成果的基础上，尝试探索 IT 在可持续供应链管理中的角色。然而，仅有的研究大多聚焦在强调发挥 IT 价值的重要性方面，对其作用机制的研究依然处于起步阶段，相关实证研究依然缺乏。与此同时，鉴于理论界对可持续供应链实践内涵的认识正从"单一"向"多元"扩展，研究需要将精益、敏捷、弹性和绿色供应链实践视为一个基于 LARG（Lean，Agile，Resilience，and Green，精益、敏捷、弹性及绿色）框架的要素集合体，作为企业和其供应链可持续发展的战略考量，进而揭示信息技术对这种更广义范畴可持续供应链实践的影响机制。

新型信息技术和数字化的发展已经从互联网、大数据，迈入人工智能时代。在数字化对社会经济的冲击和颠覆中，传统企业的总体表现迄今为止不够理想。在企业推进数字化转型的过程中，业务应用、信息技术架构、组织机制建设等工作环环相扣。因此，建立多维度的企业数字化成熟度评估体系，用于判断企业所处的数字化阶段，找出推进不力的可能原因，以及相应需要采取的措施成为学术界和实践界的迫切需求。这种需求源于以下几个关键因素：①数字化转型的复杂性。数字化转型涵盖技术采纳、流程再造和文化变革等多个方面。成熟度模型和评估体系有助于理解转型的复杂性和阶段性。②战略规划和决策制定。评估框架提供一种结构化的方法来评估数字化成熟度的当前状态，指导战略规划和决策过程。③基准对比和绩效衡量。成熟度模型可以提供一个基准，企业可以据此衡量在数字化转型方面的进展，识别差距和改进领域。④业务目标的对齐。该模型可以确保数字化转型工作与整体业务目标和战略相一致，从而提高运营效率和竞争优势。⑤可持续发展。它将有助于将数字化转型工作与可持续发展目标对齐，促进环保实践和长期可行性。

在此背景下，本着"充分利用新型信息技术（基础），推动企业及其供应链数字化转型（途径），最终实现企业及其供应链的可持续发展效能（绩效）"的基本原则，本书拟探索和解决以下问题：①信息技术体系中信息技术基础设施与数字化整合（能力）的关系；② LARG 框架下，信息技术体系对四种可持续供应链实践的影响机制是什么？③作为信息技术基础设施的深度应用代表，数字化整合（能力）对四种可持续供应链实践的作用机制差异如何？④从数字化整合能力到数字化转型能力的扩散逻辑和脉络是什么？⑤基于实践和当前研究，可持续供应链管理中的数字化转型成熟度评估框架和指标体系是什么样的？针对以上问题，本书通过理论篇、研究篇和决策篇进行展开论述。

赵军于巡司河畔

2023 年 12 月 20 日

序 言 二

2020 年 4 月 1 日，习近平总书记在浙江考察时强调，"要抓住产业数字化、数字产业化赋予的机遇，加快 5G 网络、数据中心等新型基础设施建设，抓紧布局数字经济、生命健康、新材料等战略性新兴产业、未来产业，大力推进科技创新，着力壮大新增长点、形成发展新动能"，为我国数字化转型指明方向。

微专业是指在主专业学习以外，围绕某个特定学术领域、研究方向或核心素养，提炼开设的一组核心课程。学生通过灵活且系统的培养，能够在特定领域具备一定的学术专业素养和行业从业能力。数字化转型"微专业"面向国家产业转型总体要求，适应湖北省社会经济转型发展需求和学校发展，依托湖北工业大学创新创业学院，借鉴国外知名高校数字化人才培养经验，以培养前沿科技为导向，紧密结合创新理念和实践，通过变革性的跨学科教育培养具备全球视野、科技洞察力、创新能力的复合型人才为目标。

数字化转型"微专业"紧密围绕数字化转型前沿，探究各行业在人工智能、大数据等技术上的应用案例与数字化转型模式，思考下一个通向未来的成功路径。湖北工业大学创新创业学院对接学习辅导和全部教学工作坊的内容，构建科学合理的核心课程体系，见下表。

序号	课程名称	学分
1	数字化转型概论	2
2	设计思维	2
3	企业数字化创新	2
4	重新定义团队：打造现代化协作团队	2
5	系统领导力：数智时代企业运营的不确定性治理	2
6	互联网时代的众包模式：面向未来的商业模式应用研究	2
7	人工智能在组织中的应用	2
8	企业及其供应链数字化转型：ICT、数字化能力与可持续发展	2

续表

序号	课程名称	学分
9	颠覆性创新：企业创新路径解锁	2
10	智能营销	2
11	用数据讲故事：从描述事实到产生影响力	2
12	增强人机交互的用户体验	2
13	网络安全和实施战略	1

数字化转型"微专业"的核心课程有 13 门，共计 25 学分，学习周期为 3 个学期，1.5 学年。课程采取线上线下混合式教学，课程内容符合交叉创新、复合型人才的培养要求。

通过本专业的学习，在学习前沿领域知识和技能以外，帮助学生做好充分准备，让他们能在职业生涯中取得重大且可持续的成功，同时激励学生成为创新者和领导者，为社会作出积极贡献。

本书是湖北工业大学创新创业学院数字化转型"微专业"核心课程指定的教学用书之一。同时，本书获得 2022 年武汉市社科联基金项目资助（WHSKL2022022），数字化转型是一个全新的领域，可以参考的书目较少，同时要对接项目式教学特点，我们特别注重本系列书籍的原创性和实践性。

湖北工业大学创新创业学院院长　夏星

2024 年 3 月 5 日

作者简介

赵军，河南省驻马店人，管理学博士，现任职于湖北工业大学创新创业学院。2009—2017年任职于阿里巴巴集团、丝宝集团和宁美国度集团等，拥有8年企业管理和供应链管理实践经验，在攻读博士学位期间主要研究企业及其供应链数字化转型，至今已在 *Information technology and management*、*Sage open*、《管理学报》、《商业经济与管理》、《中国流通经济》等国内外期刊发表论文10余篇，主持湖北省社会科学项目、湖北省科技厅项目、武汉市社会科学项目等省部级项目3项，湖北省教育厅哲学社会科学项目和湖北省教育科学规划项目2项，参与国家社会科学基金项目和厅局级项目5项，曾参与湖北高等学校优秀中青年创新团队计划"职能互联时代下的运营管理研究"等项目。

目　　录

第一篇　理　论　篇

第二篇　研　究　篇

第三篇　决　策　篇

第一篇

理 论 篇

第一章 导论

当前全球商业体系仍然是基于消耗自然资源为代价的生产模式。2015 年，联合国通过的 17 个可持续发展目标中，可持续产业发展就是其中之一①；2016 年，我国十部门联合发布的《关于促进绿色消费的指导意见》，为可持续消费提供了较好的政策氛围和促成条件，而可持续消费可以作为一种可持续经济形式用来实现可持续发展的重要解决方案，从需求侧为可持续生产提供更加持续的动力，激励企业向可持续经济投入，推动环境友好和资源高效产业的发展，减少供给侧对资源的依赖；2019 年，国家发展改革委、工业和信息化部等七部门进一步从可持续产业发展视角印发了《绿色产业指导目录》，不仅明确提出绿色产业的发展重点，还完善了各地方政府和各部门制定可持续产业发展政策的基本框架和依据。

当前，百年变局凸显，世界进入动荡变革期，人类社会发展面临更多不稳定性、不确定性。在第七十六届联合国大会上，习近平总书记提出全球发展倡议，希望各国共同努力，加快落实 2030 年可持续发展议程，构建全球发展命运共同体。他指出，可持续发展是"社会生产力发展和科技进步的必然产物"，是"破解当前全球性问题的'金钥匙'"，"中国将力争 2030 年前实现碳达峰、2060 年前实现碳中和，这需要付出艰苦努力，但我们会全力以赴"，充分表达了中国实现可持续发展战略目标的决心。

为实现 2060 年前碳中和的目标，中国预计需要实施比《巴黎协定》更为严格的减排路径，这意味着中国经济将全面向低碳化发展转型。无论是"十四五"规划，还是逐步推广并对企业经营绩效产生实际影响的碳排放权交易体系，都彰显出中国全面转向可持续、低碳发展的决心和力度，企业也将面临更加严格的碳排放约束。从看不见的二氧化碳到看得见的碳排放竞争力，企业转型已势在必行。这不仅是气候问题，政府和社会都在呼吁企业对可持续发展做出大胆的承诺。众

---

① 联合国 .17 个可持续发展目标 [EB/OL]. [2023-05-15]. https://www.un.org/sustainabledevelopment/ zh/sustainable-development-goals/.

多企业正在主动采取行动，通过调整他们的业务，制定雄心勃勃的可持续发展目标，即使他们并不完全了解达到这些目标需要的实现路径。

根据《中国经营报》联合贝恩公司发布的《2021年企业"双碳"竞争力指数白皮书》，中国企业普遍处于"碳中和"的早期阶段，但已经有相当积极的愿景和计划，并有比较明确的目标和路径图。从产业层面看，无论是消费特征从下向上的传导，还是政策从上而下的传递，可持续发展思想不断延伸至传统产业链和供应链中，最终企业将可持续发展规划融入全流程供应链活动中，形成新的、可持续的供应链管理实践策略，而这些可持续的管理实践策略也被认为是企业可持续发展的创新机遇，具有可持续性的供应链管理则是企业的核心战略武器。可持续供应链管理（Sustainable Supply Chain Management，SSCM）是可持续理念在供应链管理中的体现，是考虑客户和利益相关方的需求驱动，通过系统协调跨组织的核心业务流程，对供应链中的物流、信息流和资金流及供应商间的合作进行管理，对组织的社会、环境和经济目标进行战略的、透明的集成。由此可知，实施可持续供应链管理，在组织管理活动的发展模式、文化价值观、生产方式、产品性能和技术管理等方面突出人与自然的关系，重新认识企业的社会责任，对知识和技术进行全面整合，是一种企业综合竞争力的提升和长期战略规划，对企业的可持续发展具有深远意义。

全球已经有许多具有影响力的大型企业开始应对可持续供应链管理的挑战，以应对政府、投资者、消费者和利益相关者带来的外部压力。如戴尔公司已经成功地将整个供应链转化为一体化的可持续供应链，进而为客户提供更好的服务；三星电子也在其拥有的庞大供应链（包括全球约2500家供应商）中提供可持续供应链的技术和资金支持，鼓励并推动供应链管理朝可持续发展方向转变。根据联合国的数据，全世界已有超过3000家企业和金融机构正在响应"科学碳目标"倡议（Science Based Targets initiative，SBTi），它们依据气候科学减少所产生的碳排放。已制定科学碳目标的企业和金融机构占比达到了全球市场资本化的35%。换句话说，与零碳排放目标有关的市场价值高达38万亿美元。更重要的是，去年SBTi成员的数量翻了一番，这意味着在未来，设立"科学碳目标"对诸多企业来说都将成为普遍的做法。

除了企业，一些国际专业评测机构也纷纷响应并构建企业与供应链可持续性数据信息共享机制。一方面，它们通过收集和管理供应链上的可持续实践行动来评估和检测企业及其供应链的可持续发展环境，如EcoVadis公司；另一方面，它们及时披露可持续供应链管理实践的现状和趋势，供利益相关者查询，如高德纳（Gartner）公司发布的2018年的供应链25强榜单及咨询报告就指出，金融界对企业和供应链的可持续发展投资正在增加，特别是从2016—2018年，高德纳在对超过50家大型机构投资者调查后发现，"可持续环境管理"一直都是年度股东大会的五大优先事项之一。

现代企业需要对整体商业环境有清晰的了解，以明辨现实问题并制订持续改进的战略。任何可持续发展战略都必须符合环境、社会和治理（Environmental, Social and Governance，ESG）标准。这意味着企业需要进行全面的数字化转型来采集相关数据。此类转型必须扩展到企业总部之外，将供应商纳入其中。如果没有来自业务流程中各方面的全面反馈，该战略就会失败。因此，行业内的大型企业需要与供应链上下游企业保持积极合作，运用数字化手段提升供应链的可视化，促进产品和服务的全生命周期碳减排。行业内的中小规模企业需未雨绸缪，提升自己的能源管理效率，进而引导供应商规范碳排放。事实上，只有实现从设计、采购到制造和分销的透明化，企业才有可能实现减碳目标，并最终实现业务增长。

每年举办一次的联合国科技创新论坛把"科学、技术和创新"（Science, Technology and Innovation, STI）作为实现可持续发展目标的路线图。从概念上看，STI与"数字经济／数字转型"存在着很大的重合（无论是在政策问题上，还是在利益相关方群体上），只有通过自身及上下游的数字化转型，企业在实现可持续发展目标上才能最大化地利用机遇并规避风险。

数字技术的发展已经从互联网、大数据，迈入人工智能时代。在数字化对企业可持续发展的冲击和颠覆中，数字化转型整合了现代企业内外部的各层面。利用智能技术，企业可以获得生存与发展所需的基本工具和战略优势。

（1）提高效率和降低成本。数字化转型可以优化业务流程，实现重复性任务自动化，降低人工干预，提高生产和供应链的效率。这样，企业可以更有效地利用资源，降低生产和运营成本，从而更好地实现可持续发展目标。

（2）数据驱动决策。数字化转型意味着数据的采集、存储和分析。通过分析海量数据，企业可以更好地了解市场需求、顾客行为、供应链变化等信息，做出更明智的决策。这种数据驱动的决策有助于企业在竞争激烈的市场中立于不败之地，实现长期的可持续发展。

（3）提高透明度和可追溯性。数字化转型使企业能够实时追踪产品的生产、运输和销售过程。这种透明度和可追溯性对于企业质量控制、减少浪费、提高产品安全性等方面非常重要，也有助于提高消费者的信任度。

（4）创新和灵活性。数字化转型鼓励企业创新。通过应用新的技术，企业可以开发新产品、服务和业务模式，创造新的市场机会。此外，数字化转型使企业更具灵活性，能够快速调整生产、供应链和销售策略，以适应市场需求的变化。

（5）可持续资源管理。数字化转型有助于企业更好地管理资源。通过监测和分析数据，企业可以了解资源的使用情况、减少浪费、提高能源利用效率，实现更加可持续的资源管理。

（6）全球化市场需求。在全球市场竞争中，数字化转型使企业能够更好地处理跨国业务。在线销售、全球供应链管理、跨国合作等数字化手段为企业拓展国际市场提供了便利，有助于企业在全球范围内实现可持续发展目标。

总之，数字化转型不仅是提高企业竞争力的关键，也是实现企业及其供应链可持续发展目标的关键。通过数字化手段，企业能够更加智能、高效、灵活地应对日益复杂和多变的市场环境，推动企业可持续发展的实现。

第二章 供应链可持续发展中的信息技术应用

第一节 信息技术与供应链管理

随着全球网络经济时代的到来，信息技术对企业的运作模式会产生越来越深远的影响，它每一次与企业的结合都能使企业发生深刻的变革。随着信息技术的不断发展及其使用成本的日益降低，先进的信息技术和供应链等的结合将创造更加辉煌的管理变革，使 21 世纪的现代企业能够把全球范围内的不同优质资源整合起来结成单一的经济实体，共同面对市场的挑战。

在供应链管理涉及产品（服务）设计、生产、市场营销（销售）、客户服务、物流供应等领域，供应链管理是以同步化、集成化生产计划为指导，通过采用各种不同信息技术来提高这些领域的运作绩效的。

一般而言，信息技术对供应链的支撑可分为以下两个层面。

第一个层面是由标识代码技术、自动识别与数据采集技术、电子数据交换技术、互联网技术、全球定位系统（Global Positioning System，GPS）/ 地理信息系统（Geographic Information System，GIS）等基础信息技术构成。

第二个层面是基于信息技术而开发的支持企业生产的系统。在具体应用这些系统时，不应仅仅将它们视为一种技术解决方案，而应深刻理解它们所折射出的管理思想。如销售时点管理系统（Point of Sales Management System，POS）、电子自动订货系统（Electronic Ordering System，EOS）、计算机辅助设计（Computer Aided Design，CAD）、计算辅助工艺规划（Computer Aided Process Planning，CAPP）、计算机辅助工程（Computer Aided Engineering，CAE）和计算机辅助制造（Computer Aided Manufacturing，CAM）、企业资源计划（Enterprise Resource Planning，ERP）、制造资源计划（Manufacturing Resource Planning，MRP）、准时生产制（Just in Time，JIT）、客户关系管理（Customer Relationship Management，CRM）和电子商务等。

信息技术在供应链管理中的应用可以从两个方面来理解：一是信息技术的功

能对供应链管理的作用（如互联网、多媒体、电子交换系统、CAD/CAM等应用）；二是信息技术本身所发挥的作用。信息技术特别是最新信息技术（如多媒体、图像处理和专家系统）在供应链中的应用，可以大大减少供应链运行中的不增值行为。

显然，信息技术的发展改变了企业应用供应链管理获得竞争优势的方式。企业应用信息技术来支持它的经营战略并选择它的经营业务，这些企业利用信息技术提高供应链活动的效率，增强整个供应链的经营决策能力。美国学者的有关研究表明，有效地把信息技术特别是互联网技术融合在供应链管理过程中能带来以下五个方面的效果。

（1）建立新型的顾客关系，开发高效营销渠道。信息技术使供应链管理者可以通过与顾客和供应商之间构筑信息流和知识流来建立新型的顾客关系。例如，美国通用公司建立了一个开放式的交易过程网络（Trading Process Network，TPN）用来采购企业所需的原材料和零部件。通用公司把企业内部各部门的采购需要集中起来，通过电子市场进行招标，不仅可以发现优良的供应商，节约采购成本，使采购业务合理化，而且可以为公司内部的采购人员提供进入全球市场的机会。对于广大的供应商来说，通过通用公司开放式的交易过程网络，可以在任何时间进入通用公司的招标电子市场，了解通用公司的需要，参加投标活动。

用互联网等信息技术来交换有关消费者的信息已成为企业获得消费者和市场需求信息的有效途径。例如，供应链的参与各方可通过信息网络交换订货、销售、预测等信息。对于全球经营的跨国企业来说，信息技术的发展可以使它们的业务延伸到世界的每个角落。

企业利用互联网与自己的经销商协作建立针对零售商的订货和库存系统，通过这样的信息系统（如供应链管理库存系统）可以获知零售商商品销售的有关信息。在这些信息的基础上进行连续的库存补充和销售指导，从而与零售商一起改进营销渠道的效率，提高顾客满意度。

（2）改变传统流通方式，构筑企业间的价值链。产品和服务的实用化趋势正在改变它们的流通和使用方式。例如，音像等软件产品多年来一直是以磁盘等方式投入市场进行销售的，这需要进行大量的分拣和包装作业。现在，许多软件产品通过互联网直接向顾客进行销售，无须分拣、包装、运送等物流作业。

通过利用每个企业的核心能力和行业共有的做法，信息技术已用于构筑企业间的价值链。当生产厂家和零售商开始利用第三方服务，把物流和信息管理等业务向外委托时，它们就会发现管理和控制第三方服务供应商是一种挑战。此时，生产厂家、零售商及由物流信息服务业者组成的第三方服务供应商却形成了一条价值链。另外，在航空运输行业，航空公司采用全行业范围的订票系统而不是各公司独自的订票系统。

（3）使企业具有全球化管理能力和基于消费者要求的大量生产的能力。信息技术的发展使供应链管理者在进行经营革新或模拟决策结果时可以利用大量有效的信息，供应链管理者基于这些信息可以对供应链进行有效的管理。例如，企业在转移仓库设施或变换生产场所时，通过模型可计算出该种行为所导致的结果。许多企业基于详细的销售服务信息和成本信息，对市场的变化做出最佳决策。

当前，围绕高技术产品的市场变化十分迅速，由于这类产品的生命周期短，因此，企业需要对这类产品不停地进行经营决策。由于进行决策时涉及的变量越来越多，范围也越来越广，信息的多样性和复杂性使传统的决策模型不再适应供应链管理的需要。在这种情况下，许多针对供应链管理的决策模型软件被开发出来。

企业经营的全球化，一方面要求企业在全球市场进行经营活动；另一方面要求企业针对当地的需要、习惯、文化等从事经营活动。许多企业运用信息技术发展企业的信息系统来协调和管理世界各地的经营活动。在美国计算机市场，戴尔公司在运用信息技术的基础上开发了根据消费者要求的生产系统。消费者先通过戴尔公司的网页订货并说明自己对购买产品的功能要求，戴尔公司再根据消费者的具体要求生产产品，并迅速地配送给顾客。戴尔公司的电子商务系统能直接与最终消费者建立信赖关系，高效率地向消费者销售产品和提供优良的服务，减少与流通库存和营销运营有关的供应链成本。

（4）改变传统的供应链构成。信息技术正在改变传统供应链的构成并模糊了产品和服务之间的区别。例如，美国的计算机类、通信类、消费类（Computer、Communication、Consumer，3C）公司一般直接向大宗消费者或通过经销商的营销网络向消费者销售路由产品。由于路由技术不断改进和变化，新产品不断地被投入市场，这导致对新产品的需求进行预测和计划非常困难。对于这种类型的产品，协调制造商和分销商的物流成本和管理成本会非常高。

信息技术解决了这一难题，它完全改变了3C公司路由产品的销售方式。一旦消费者购买了最初版本的路由产品，在产品每次升级时，可通过互联网购买升级版本，完全改变了传统的路由产品供应链。路由产品的升级实际上成为3C公司提供的服务，而不是以材料表现的产品，这样即使有数百万的顾客同时购买升级版本，3C公司也能满足这些顾客的需求，而不必受制于生产计划、生产能力和销售渠道能力等因素的约束。

（5）不断学习和革新。供应链管理者需要不断地改善其供应链的运行过程，在供应链内部和企业内部分享有用的信息。重要的是，企业要有能力获得导致供应链革新和增强供应链能力的有关信息。为此，企业应建立知识管理系统（Knowledge Management System，KMS），使有用的信息和知识电子化，并使之能与整个供应链分享。

第二节 可持续供应链管理中的数字化转型与信息技术应用

近些年来，企业界和学术界已逐渐将注意力从传统的供应链管理转移到可持续供应链管理及其协同治理的实践创新与理论构建上。然而，因长期受制于传统供应链管理思维，研究进程依然缓慢，缺乏突破性与一般性的认知创新成果，尚未形成由可持续发展驱动的供应链管理体系。近几十年来，企业纷纷采用可持续经营方法，带来的优势也十分明显。因此，企业在打造与众不同的品牌时，也要努力在整个供应链中实施可持续发展的举措，努力将可持续发展提升到新高度。

可持续供应链的优势明显：首先，它可以减少浪费并优化资源消耗，从而节省资金；其次，它可以提升企业声誉、促进企业社会责任的履行，以及增进企业与客户、供应商和利益相关方的互动联系；最后，可持续供应链可降低相关风险，增强企业的业务韧性。尽管可持续供应链的优势很多，但对企业而言，实现供应链可持续性却是一项艰巨的挑战，其中最重要的问题是供应链透明度和可见性。

供应链透明度和可见性要求企业需跟踪产品从原材料到制造，再到客户的整个过程。供应链可见性要求对整个供应链中每个部门的每笔交易进行完全透明的访问。这种可见性使组织能够识别供应链中导致延误或不必要支出的区域，从而提高生产效率。如物流可见性允许企业跟踪货物的全过程，包括货物移动到不同的目的地、运输的实时位置及所有活动。有了这些准确的数据，托运人可以在需要时制订纠正措施、主动决策、更正路线。这改善了客户服务，甚至在很多跨国公司，将供应链伸向了小型供应商，而这些小型供应商关于可持续发展的专业知识或资源往往不足，并且可能对公认的做法和法规一无所知。供应链可见性有助于降低可持续供应链管理中的风险和预防问题出现。

实践界发现，缺乏可见性和掌控性是实现供应链可持续管理道路上的关键障碍之一。尽管关于不同信息技术的作用褒贬不一，但任何推动供应链数字化转型项目的关键都是供应链的可见性。如果无法从端到端"看到"整个供应链，便很难实现改进及自动化。由凯捷集团和 Infor 集团进行的数字化转型调查显示[1]，

---

[1] E-works 数字化企业网 . 70% 的企业已经开始供应链的数字化转型 [EB/OL].[2016-05-06]. https://articles.e-works.net.cn/scm/article128632.htm.

94% 的受访高管认为供应链可见性是数字化转型的关键驱动因素。很多企业将业务网络平台中的企业业务系统与网络合作伙伴和物联网设备连接起来，为各方提供单一信息来源。通过连接网络，企业可将端到端的供应链流程数字化，使所有供应链环节实时可见，并充分利用来自内部系统和整个网络的以数据为驱动的深刻洞察。

显然，数字化正在给供应链的发展带来变。埃森哲认为[①]，可持续发展将成为新的"数字化"，是企业的必然选择。拥有可持续基因的组织通常鼓励员工和合作伙伴实现持久和良好的财务绩效，同时注重社会价值的创造，从而与社会各界建立起信任关系。当人们对供应链可持续化和数字化转型的关系有了深入认识，不仅可以确保供应链的韧性，还可以确保供应链做了应对未来挑战的准备。为此，需要利用数字化打造更加绿色、更具社会责任感的供应链，并以此为工具，改进其他问题。

数字化转型是在大数据、移动互联网、云计算、物联网、区块链等新一代信息技术的驱动下产生的，企业商业模式、组织模式、管理模式都在迅速地转型，是社会生产力和生产关系的升级。其本质内核是：建立内外部广泛的在线连接，产生大量实时数据，利用云端的算法和算力，让决策变得更实时更智能，从而提升企业的运营和管理效率，甚至产生全新的商业模式和管理模式。显然，信息技术是实现数字化转型升级的重要支撑和基础。

信息与通信技术（Information and Communications Technology，ICT）的发展也因此成为可持续供应链运作效率提升和可持续目标实现的重要驱动力之一。2019 年 3 月，在华为主办的"工业'智'变——2019 中国制造峰会"上，华为统计了 2015—2018 年的企业员工人数变化（18 万人增至 18.8 万人），但企业业绩却从 500 亿美元升至 1000 亿美元。姚茳（时任华为 EBG 中国区大企业业务部总经理）介绍说，虽然这种变化并不完全归功于华为的"数字化华为"战略（华为于 2015 年提出该战略），但却是一个观察数字化转型的重要窗口——通过各种信息技术与生产制造业务等流程的深度融合，极大地提升了企业运行效率，在推动企业可持续发展中发挥了重要作用。

高德纳公司在 2019 年的报告中也指出，依托供应链业务的可持续发展倾向，电子化、信息化和数据化也在推动可持续供应链发展，如阿里巴巴不断加强可持

---

① 埃森哲 . 2022 技术推动可持续：双擎驱动，融合发展 [R/EL].[2022-11-16].https://www. accenture.cn/content/dam/accenture/final/accenture-com/document/Accenture-Zhanwang- 202301-Sustainability-Technology.pdf.

续供应链的投入，并运用其在信息化和大数据等方面的优势，提升可持续供应链效率；梅赛德斯 – 奔驰公司除了不断优化信息化系统，也与美国软件公司 Icertis 合作开发基于最新区块链技术的系统，旨在提高复杂供应链的透明度，以提高其供应链的可持续性。与传统供应链相比，可持续供应链管理实践依托于更高可见性的供应链环境，要求供应链上的合作伙伴之间有更高水平的协作，更流畅的信息沟通和更精确的信息共享流程。例如，韩国三星电子，通过全球化信息系统（如全球资源管理系统等）实时监控可持续供应链中的采购、生产、运输和销售服务等各环节 ①，提高供应链的各种资源和投入的利用效率。而且，在可持续供应链管理中信息技术还可以加快合作伙伴之间的沟通反馈，降低库存水平，提高企业抵抗供应链不确定性风险和其他风险的能力。因此，信息技术也受到越来越多追求供应链可持续发展企业的关注，而且，政府层面也介入其中，如德国政府制定的"工业 4.0"和我国政府制定的"中国制造 2025 战略"都强调，新型供应链必须以企业供应链信息化和数字化转型为基础。

　　然而在传统供应链管理实践中，信息技术的应用一直不容乐观，作为将可持续思想深度融入供应链流程运作中的管理模式，可持续供应链管理同样面临这一问题。很多企业在组织内部和跨组织信息技术基础设施完成后，并未与生产经营活动紧密结合起来，改变各部门原有工作流程和各部门间的工作方式阻力重重，信息一致性与共享机制难以形成，旧的运作模式依旧存在，原有业务处理流程与计算机信息处理流程间的矛盾难以解决，员工素质难以大幅度提高，团队精神难以形成等，信息技术的存在甚至变成一种阻碍，最终导致其效用备受争议，出现了"信息技术价值悖论"和"信息技术陷阱"问题。究其原因，一方面是企业对信息技术的应用仅处于基础设施投资而非整合的初级阶段；另一方面是诸多信息技术（如射频识别技术、企业资源计划系统等）可以轻易购买，并不属于稀缺资源，也就无法为企业提供比竞争对手更大的竞争优势。

　　同样以华为公司为例，华为在其 2018 年可持续发展报告中指出，对信息技术基础设施甚至大数据技术、人工智能技术的投入比例可以和全球拥有最高科技水平的互联网科技巨头比肩，如谷歌和亚马逊等。不过华为，仍面临巨大的信息技术应用挑战，而这些挑战属于普遍性的，全行业都无法避免。在华为内部的研究中，如果对照德国工业 4.0 标准，企业全产业链的智能制造水平仅被定义为 3.2。

---

① SAMSUNG SDI.SAMSUNG SDI Sustainability Report 2018 [R/EL].[2009–02–08].https://www. samsungsdi.com/upload/download/sustainable–management/2018_Samsung_SDI_Sustainability_ Report_English.pdf.

时任华为 EBG 中国区大企业业务部总经理姚茬在"2019 华为中国制造峰会"中指出，信息技术应用深度和广度不足阻碍智能制造和企业可持续发展的原因至少源自两个方面：一方面，信息技术的应用场景非常复杂，在大规模实施中需要个性化定制，个性化定制则要求高嵌入性，复杂的场景会给信息技术嵌入带来麻烦；另一方面，不同领域（尤其是工业领域）积累了大量的数字资产，却只在很少的流程中得到应用，寻找最适合处理这些数字资产的方法是非常困难的。国际数据集团（International Data Corporation，IDC）2019 年的调研显示，超过 50% 的中国制造企业尚处于数字化转型的第一、第二阶段（即投资和试运行阶段），处于正式运行管理（第三阶段）和优化创新阶段（第四阶段）的企业占比极少，少于 6%。虽然国内制造企业利用信息技术进行数字化转型的比重相对较低，但整体处于上升阶段，多数企业已明确，数字化转型不仅是公认的智能制造基石，也是企业可持续发展的保障。

因此，在可持续供应链管理中，重新衡量信息技术的角色、演化及其作用机制，推动企业全面数字化转型，发挥信息技术投资的最大效益正在成为重大核心议题，也是可持续政策的实施和信息技术的深度应用综合考量的实践要求。

第三章　企业及其供应链数字化转型关键概念、理论回顾与研究现状

第一节　关键概念

一、信息技术体系（IT Architectures）

信息技术已随着其进步及全球化发展被广泛采用，并且企业必须在信息技术基础设施上进行大量投资才可能使其业务成功。但是，由于其发展迅速，为信息技术及其包含的内容制定统一的标准（或定义）一直以来都是一项挑战。通常情况下，信息技术一直被定义为基础设施，如 Gibbs 等（1997）将信息技术简单地定义为"信息和通信技术的融合"等，Byrd 等（2000）指出，"信息技术是共享的各种技术资源，包括硬件、软件、通信技术、数据和核心应用程序的技术物理基础"，但是越来越多的学者认为，信息技术应该包含更丰富的内涵，如 Daniel（2002）认为信息技术不能用单纯的技术或某一个"整体概念"来概括，而应该被看作是技术变革的演进过程和体系。一方面，信息技术包含了"处理、存储和传递信息"给内部用户和外部合作伙伴的所有基础设施；另一方面，信息技术还包含了针对应用程序、数据与基础架构技术的组织逻辑和业务应用技能。鉴于此，一些学者如 Bargshady 等（2016）提出了"信息技术体系"的概念，对信息技术进行二维化解构，提出基于"基础设施"和"数字化整合"（也有学者称为 IT 整合）的两个维度。本书，认同并发展了二维化内涵概念，将信息技术解构为信息技术基础设施和供应链数字化整合两个维度。

（一）信息技术基础设施

企业所依赖的涉及信息和通信的基础设施往往被分为两类：信息技术和通信相关的设施，鉴于二者的联系，学者们通常将两个概念合并为一个，统一称为信息技术基础设施（García‑Alcaraz et al.，2017）。信息技术基础设施是"处理、存储和传递信息"给内部业务用户和外部合作伙伴的所有要素，包括硬件、软件应用程序、信息技术、数据库等，这些要素由企业的信息化部门集中协调，但是

内外部所使用的信息技术基础设施存在一定差异，要根据现实情况进行选择，具体包括射频识别技术、电子资料交换技术、企业资源计划系统、电子采购、仓储和物流等系统。进一步地，有学者如 Bankole 等（2017）明确指出，企业在投资信息技术基础设施时，应该严格区分内外部的差异，避免出现信息技术无效的局面。因此，本书将信息技术基础设施按照投资关联和方向划分为供应商、企业和客户三个层面。

（二）供应链数字化整合

学术界对供应链数字化整合进行界定最早出现在 Kaplan 等（2000）的研究中，是两个及以上相互独立的组织或不同的组织内部部门通过信息技术实现基于价值链的商务流程的整合。后续学者如 Speier 等（2008）尝试从信息技术应用的角度对该领域进行探索，类似的观点和概念也逐渐出现，如信息化整合（Information Integration）、信息系统应用（Information System Adoption）、虚拟整合（Virtual Integration）、数字化整合（Digitally Enabled Supply Chain Integration）等。随着研究的推进，这一概念从协同的视角得到进一步深化，认为供应链数字化整合是核心制造企业与其他合作伙伴利用信息技术实现流程的协同，代表一种联结强度和交易合作范式。

除此之外，研究还发现供应链数字化整合与传统供应链整合密切相关，二者最大的差别是是否能够运用信息技术来实现联结和协同，如 Flynn 等（2016）将供应链整合定义为"企业可以与其供应链合作伙伴进行战略合作并管理组织内外流程以优化产品、服务、信息、资金和决策流程的程度"；Huo 等（2016）在梳理供应链整合概念时明确指出，供应链整合是"企业建立战略联盟，整合内外部资源，建立无缝衔接流程和共享信息的能力"。

综合以上分析来看，供应链数字化整合可以是一种独特且难以复制的能力，也可以是企业内外部通过信息技术构建的联结和协作模式，这种二分的观点显然更加符合实践现状和未来的研究趋势。而且，学者们都认为供应链整合应该从内部整合、供应商整合和客户整合三个视角来研究，以便区别。

因此，本书不仅采用二分视角，认为供应链数字化整合是企业能够将信息技术应用在改造或优化供应链流程，在组织内外部实现基于价值传递的密切联结和协作的能力或者一种联结和协作模式，同时还将数字化整合分开研究，将其视为三个独立的构念：内部数字化整合、供应商数字化整合和客户数字化整合。

二、可持续供应链管理实践

（一）可持续供应链管理实践的内涵

可持续供应链管理是供应链管理中较新的子领域，也是近年来供应链领域关注的焦点。可持续供应链管理，即"将可持续理念融入供应链物料、资金和信息流管理中，从设计、生产、物流到销售、服务等业务流程，进而满足利益相关者要求，提高组织短期和长期的盈利能力、竞争力和适应能力，最终实现经济绩效、环境绩效和社会绩效目标"。可持续供应链管理可以是一种思想，也可以是一个过程（Ruiz-Benítez et al., 2018）。但是从其概念中可以发现，理念、过程和结果是独立的，不少学者都认为，在取得可持续性绩效目标过程中，企业内外部的可持续性最终会和实践融合，并概括为可持续供应链管理实践，即"在达成经济、环境和社会绩效目标过程中，企业在内部和供应链上相关生产、销售、存储和信息交换等过程中融入可持续性理念的实践活动"。因此，从本质上讲，可持续供应链管理实践是与可持续供应链管理概念相关的实践，强调了企业内部和合作伙伴之间关于商品与信息流的实践。

（二）可持续供应链管理实践的 LARG（精益 – 敏捷 – 弹性 – 绿色）框架解释

诸多研究已经明确，三重底线理论（Triple Bottom Line，TBL）所强调的供应链可持续性表现在经济效益、环境效益和社会效益（运营效益）等方面。然而，在全面改造传统供应链流程的过程中，可持续供应链管理实践的内涵及其重要组成要素依然存在一定的模糊性。在可持续性引入供应链管理的过程中，有学者认为，绿色供应链管理和可持续供应链管理不分彼此，但随着研究的深入，越来越多的学者认为，可持续供应链管理的思想源于且并不局限于绿色供应链管理，如学者 Ahi 和 Searcy 在对绿色供应链管理和可持续供应链管理的概念进行总结后发现，绿色供应链管理与可持续供应链管理相比，研究范围过于集中，更多倾向于环境目标。尽管可持续供应链管理与绿色供应链管理的概念有很大程度上的重叠，但前者仍然可以作为后者的一个更全面的补充。因此，以绿色理念改造供应链的实践活动并追求环境可持续性作为目标成为可持续供应链实践的核心组成要素基本已经达成共识。

然而，在广义的可持续供应链管理范围中，除作为核心组成要素的绿色实践之外，是否有其他实践要素来推动供应链可持续性目标的实现？很显然是有的，Azevedo 等（2012）就明确指出，在追求供应链可持续性发展中，除了绿色实践，还有很多供应链实践方式都可以帮助企业达成可持续性目标，如精益实践（Lean practices）、敏捷实践（Agile practices）和弹性实践（Resilient practices）等。因此，学者们尝试将这些实践集成在一起，考虑其对供应链可持续性目标的影响。

具体地，鉴于精益供应链实践的核心思想是"最小的代价获得最大的利益"，成本节约、减少浪费和 JIT 思想（本章第三节有具体论述）始终贯彻于精益实践中。精益供应链实践越来越多地被企业应用在生产和服务过程中，以提高效率、降低成本和减少浪费，并对供应链可持续性目标提供助力，因此，Huo 等（2019）强调，从 TBL 视角来看，精益实践和绿色实践都将对供应链可持续性，即社会、环境和经济方面产生深远影响。很显然，精益实践和绿色实践一样，被学者认为是可持续供应链实践的重要组成部分之一，应该进行整合研究。除此之外，有学者如 Inman 和 Green 甚至将其组合称为"精益 – 绿色"策略。

而与精益理念紧密相连的往往是敏捷性，作为一种企业"面对需求改变时的迅速应对能力"，也正在成为供应链上的企业关注的焦点。Ciccullo 等（2018）认为，精益和敏捷同样不可分割，在获得企业可持续性目标时，精益实践和敏捷实践往往协同作用，都是企业实施可持续战略的基础。企业在供应链上的敏捷实践主要是企业保持对供应链内外部环境变化的敏感性并在面对供应链上的诸多问题（如交期拖延、制造期提前）时做出的实时应对。因此，敏捷实践在供应链取得可持续性目标的过程中，同样扮演着积极角色，即敏捷实践可以作为可持续供应链管理实践的重要扩展要素之一。

Ruiz–Benitez 等（2017）进一步提出了新的整合框架，将弹性实践、精益实践和绿色实践共同作为可持续供应链管理的支柱，发展出了包括"精益 – 绿色 – 弹性"等在内的新的实践框架和"精益 – 敏捷 – 弹性的集成供应链"。弹性实践与敏捷实践不同，强调的是企业在逆境、失败时的应对和恢复措施，在过去 20 多年的实践中一直遵循经济生态理念（经济学和生态学的组合），被认为与可持续性密切相关，并可推动企业取得可持续性目标。

最后，Azevedo 等（2016）尝试建立一个更完整的框架，将精益实践、敏捷实践、弹性实践和绿色实践整合一起，作为企业和其供应链发展可持续政策的战略考量，即 LARG（精益 – 敏捷 – 弹性 – 绿色）框架。显然，学者们除了深入讨论可持续供应链管理实践（包括绿色实践、精益实践、敏捷实践和弹性实践）与企业基于 TBL 的可持续性绩效之间的关系，对可持续供应链不同实践之间的集成论述及其对绩效的影响也比较关注。因此，本书参考了前人研究成果，将可持续供应链管理实践视为一个以绿色实践为核心，精益实践、敏捷实践和弹性实践为外延的更丰富的集合体。

具体而言，可持续供应链管理实践的具体框架如下。

（1）精益供应链管理实践（L）是精益供应链管理中出现的诸多工具、技术或方法和精益理念的结合，应用于日常的工作任务，帮助企业检查供应链流程，同时考虑最大限度减少不必要成本，减少浪费并改善低效的供应链活动。精益供应链管理实践是一个高阶构念，涉及一系列与供应链相关的实践，多数学者都认可"拉式订单^①、减少浪费和即时生产^②"是精益供应链管理实践最重要的内涵特征。

（2）敏捷供应链管理实践（A）是企业在自身及供应链合作伙伴的业务中，快速和灵活地消除干扰、配置资源，应对动态和不可预测业务环境（如需求变化、市场变化等）中的各种实践活动及行为，包括但不限于敏捷制造、敏捷采购、敏捷供应和敏捷物流等。供应链敏捷性属于一种能力，而敏捷供应链管理实践则是业务倾向，而非能力倾向。敏捷供应链管理实践的核心维度分别为灵活实践和速度实践，其中，灵活实践强调企业面临供应链上的复杂环境，能灵活地改变策略和资源配置以应对变化，而速度实践则强调快速反应，即面对计划外的变化，企业需要通过切实行动以快速、及时地完成各种任务要求，比如改变需求结构、临时增加新产品品种等。

（3）弹性供应链管理实践（R）和供应链上绿色实践及精益实践类似，本质上是将弹性理念、战略或能力应用到企业的供应链运作流程中，代表企业应对意外干扰的实践组合。学术界通常将弹性供应链管理实践解构成主动实践和被动实践，其中，主动实践是"主动为可能的意外事件和中断、风险做好准备，集中在如计划供应链活动、构建冗余库存、供应商选择等方面"，而被动实践则主要包括风险发生后的反应和恢复应对策略。

（4）绿色供应链管理实践（G）是将影响供应链的环境负担融入产品生命周期的所有阶段或贯穿到企业在整个供应链的各种环境实践中。基于环境考虑的合作、绿色材料和能源节约型设计、绿色采购、绿色制造和工艺规划、废物利用（如企业出售废料和废旧材料）、回收、绿色包装和供应商的 ISO 14001 环境管理体系认证等功能要素始终都是绿色供应链管理实践的核心要素。而且，由于绿色供应链管理实践代表了包括企业内部及其供应链合作伙伴之间广泛的供应链管理活动，一些学者如 Vachon 等（2006）认为，绿色供应链管理实践的重点在于先强调企业本身采用的绿色实践，然后将其扩展到供应商和客户之中；Yu 等（2014）

---

① 拉式订单即拉动式生产驱动，产品的生产由市场需求决定，每道工序生产中对原材料或前道工序产品的需求形成拉动前一道工序供货的指令，每道工序的生产数量不是人为决定的多生产或少生产，完全取决于客户的需求。

② 即时生产，要求保持物流和信息流在生产中的同步，实现以恰当数量的物料，在恰当的时候进入恰当的地方，生产出恰当质量的产品。

将绿色供应链管理实践分为内部绿色供应链管理实践、与供应商有关的绿色供应链管理实践和与客户有关的绿色供应链管理实践，并且指出，企业在上下游合作伙伴中采取的绿色实践明显与内部存在差异。因此，绿色供应链管理实践与其他三种可持续供应链管理实践的划分，在学术界仍存在较大差异。

第二节　理论回顾

推动信息技术发展的重要意义不言而喻，理论界和实践界都认可其最终可能在宏观层面上促进新一轮的商业经济改革浪潮。人们一般认为，对信息技术投资会给组织带来回报，而且对信息技术投资的确有成功的典范。然而，尽管信息技术推动各行各业的转型已经多年，但似乎有迹象表明，基于信息技术的新型业务活动并没有完全取代传统的生产和商业模式。通过对英国银行业调研发现，创纪录的利润和股价更多仍来自传统业务模式，由于信息技术基础设施出现的设备故障，以及其与银行业务流程的整合难度，导致很多银行组织无法接受基于信息技术的新型业务模式。1999 年，Lyytinen 公司对 365 家公司进行调研发现，53%的信息技术基础设施都因未达到既定目标而被取消。国内方面，ERP 进入中国的过程同样充满曲折，国企率先对 ERP 的运用进行探讨与实践，想从中找出走出困境的出路，但结果惨烈：2002 年，2600 多家企业采用的各种 ERP 可以说"无一成功"，多数企业应用 ERP 后，其管理水平及反映企业综合能力和管理状况的相关指标没有发生明显的改变，以至于在一次行业会议上，曾有人得出结论认为"80 亿元的信息化投入打了水漂"。

学者们在分析失败的原因时发现，企业放弃了这些"先进"的信息技术有时会使自己比那些采用该技术和系统的竞争者的成本更低，投资并安装了昂贵的信息系统但不能与传统业务流程正常集成这一情况，导致其不能正常完成工作，员工也不知如何有效地使用它们，"这些先进的信息技术在表面上运行正常，但没能达成预期目标……这就说明对信息技术的投资与企业数字化效益的产生没有正向的统计关系"。显然，增加对信息技术基础设施的投资并不意味着可以简单地产生相应的经济价值，被学者们称为"信息技术价值悖论"或"信息技术投资黑洞"。

伴随着外部环境的剧烈变化，企业间的竞争逐渐被供应链之间的竞争所取代，因此，供应链上信息技术的应用也成为人们关注的焦点，和信息技术初步进入企业组织内部时类似，供应链仍然无法避免"信息技术价值悖论"的现象。如 21世纪初，美国德勤公司曾对财富 500 强公司中的 64 家企业进行问卷调研，结果显示有 1/4 的企业承认实施供应链信息技术投资后，公司经营状况反而变差，也有不少学者如 Wade 和 Hulland 认为，投资信息技术可能给原本还能满足要求的供应链运作体系带来负面效应。

近年来，供应链领域的学者也尝试对"信息技术价值悖论"现象在供应链背景下做出解释，这些解释中具有代表性的观点有 3 种，第一种观点，基于复杂适应性理论（Complex Adaptive System Theory）的解释：现代企业及其供应链是一个复杂适应系统，企业在供应链上的信息化过程同样是一个复杂适应过程，这种复杂性体现在多个方面，如信息化过程的多主体性，即信息系统不仅涉及企业内部各层面的人员，还涉及供应链上下游的合作伙伴，甚至涉及独立监督机构和政府等部门；信息化过程的多阶段性，即信息化是一个过程，包括事前评价、事中监督管理和正常运行后的维护等多个阶段；信息化过程的多层次性，即信息化涉及操作层、知识层、管理层和战略层多个层面；信息化过程的复杂性，即主要表现在企业内部组织结构的复杂性和信息技术结构本身的复杂性等方面。企业在供应链上实行信息化，意味着供应链相关成员所处环境的改变，每个参与者都需要根据自己的情况去适应和应对，由于参与者的个体差异，这种应对所表现的结果自然是有差异的，最终出现了企业在供应链上推进信息技术时产生的"信息技术价值悖论"现象，Pinsonneault 等（1998）曾明确地指出，信息技术和工作流程、管理策略的应用脱节可能是造成问题的根源，需要将信息技术与业务流程和管理策略集成与整合，构建高水平的联结和协作，这样才能发挥信息技术的价值。

第二种观点，"信息技术价值悖论"，即企业投资信息技术却未必能直接提升业绩的现象，企业吸收能力理论也提供了一种可信的解释。这种理论强调，供应链上的信息技术不只是基础物理设施，更是企业知识库的重要组成部分。企业可以通过吸收这些知识来增强自身的能力。通过扩展知识的覆盖面和丰富性，企业能够提高吸收能力。根据 Huo 等（2016）的观点，数字化整合本身就是一种强大的吸收能力，有助于企业更有效地利用技术来创造价值，从而解决价值悖论，实现技术和业绩的同步增长。

第三种观点，信息技术的迅猛发展正在重塑全球供应链的格局。供应链管理的核心在于整合主要业务流程，确保从供应商到客户的产品和服务流通，并实现信息的无缝传递。全球供应链管理论坛指出，跨组织的信息技术，如电子数据交换和自动订货系统，是跨越组织边界、实现企业间知识共享和业务流程优化的关键。这些技术不仅为供应链管理提供了基础设施，也是企业内外部联结的基石，有助于企业在供应链中获得竞争优势。尽管如此，信息技术悖论指出，企业对 IT 的投资并不总能直接转化为竞争优势。供应链管理者面临的挑战是如何超越组织边界，评估并利用供应商和客户的资源和能力，以实现供应链的整合。供应链整合的关键在于设计协同的材料流、信息流和物流，以创建整个供应链的平稳流程。

信息技术的应用可以提高供应链流程的透明度，并增加信息交换的数量和复杂度。虽然信息技术本身可能不构成独特的竞争优势，但企业可以通过构建稀有且难以模仿的能力，利用信息技术来增强供应链的整合。Flynn 等（2016）认为，企业在内外部投资的信息技术基础设施，可以作为资源被应用于组织间流程的改造和优化，如交易、协作、订单管理、资金流和计划系统等。通过深度融入这些流程，企业可以形成数字化整合能力，从而实现具有竞争优势的供应链绩效。这一过程从信息技术投资到深度应用，再到形成供应链整合的数字化能力，符合资源基础理论的观点，即企业要获得持续的竞争优势，需要拥有不易模仿的独特资源或能力。

第三节　研究现状

一、可持续供应链领域中的信息技术应用

作为新时期供应链管理领域强调的两大核心议题，信息技术的应用和可持续供应链管理一直以来都是学者们关注的焦点。信息技术的发展引发了制造业的产业变革。德国"工业 4.0"及"中国制造 2025"所提出的工业化和信息化融合战略本质上是生产运营者通过实时收集分析及共享各种"数据流"，协同生产，优化供应链流程，从而提升生产效率及整条供应链的价值创造能力。在此背景下，企业通过信息技术影响企业的可持续过程和实践，或直接提升企业的环境、经济效益，为未来供应链可持续实践奠定了基础。具体地，如果能够将信息技术应用到供应链全流程中，可以增强信息传递的有效性和及时性，有助于提高供应链的透明度，从而改善预测和规划程序，减少需求和供应的不确定性；信息技术的深度应用还可以降低信息交换的成本并使性能测量和标准正常化；信息技术的合理利用更有助于提升资源的使用效率，例如可以与绿色实践协同，实现可持续供应链目标。Movahedipour 等（2018）通过文献分析发现，尽管多数学者认可信息技术在可持续供应链管理中的重要性，但其作用机制仍然模糊不清且充满争论。

（一）供应链领域中信息技术基础设施的研究现状

本书主要依据 Thoeni 等（2017）对信息技术基础设施的文献分析中涉及的基础设施目录，包括射频识别技术、电子交换技术、企业资源计划系统、电子自动订货系统等元素，补充 Oghazi 等（2018）的论述，更全面地测度供应链上信

息技术基础设施。

一直以来，信息技术基础设施作为重要的技术工具和必要条件，是供应链上信息交换和信息共享的基础，所以学者的研究前期多集中探讨信息技术对企业供应链绩效的影响，认为企业投资信息技术基础设施可以为企业带来供应链上的竞争优势，如 ERP 对企业财务、市场绩效及企业的供应链绩效的直接影响和信息技术对企业在供应链经济绩效和运营绩效的影响等。

随着研究的进展，近年来，学者们多将研究重点放在信息技术基础设施的间接效用方面，如认为信息技术基础设施是供应链连通性和可见性的基础，可以消除供应链成员之间的技术障碍，并可以更有效地管理供应链运作，或认为信息技术基础设施可以促进供应链协作，甚至认为信息技术基础设施可以推动企业数字化转型和供应链整合等。

在对信息技术基础设施的间接效用解释方面，学者们还给出了更多的证据，如通过信息技术增强连接性和可见性可以更好地进行库存控制，信息技术可以缩短订单交付时间和产品开发周期，运用信息技术可以更好地监控客户行为，通过信息技术基础设施可以使企业的设计、监测和实施后勤计划的能力得到增强，信息技术提升了企业的物流灵活性和交付效率，增强了物流资产管理和风险管理能力等。而企业职能和供应链成员之间的整合可以使"该供应链成为一个完全集成的生态系统，对所有参与者（包括供应商）而言，原材料、零部件和运输存储情况能够一目了然"。随着连接性、可见性、协作度的提高，可提升供应链绩效。

此外，越来越多的学者尝试探索信息技术基础设施在更多供应链可持续性领域中的作用机制，如 Bargshady 等（2016）认为企业投资信息技术基础设施是构建敏捷供应链的重要前提条件；Mendoza-Fong 等（2018）讨论了信息技术对绿色供应链绩效的影响等。学者们还发现，简单的信息技术基础设施投资在很多时候无法直接推动企业和供应链的绩效提升，实践中也频繁出现与主流研究结论"相悖"的现象，因此，学者们对于信息技术的角色和作用机制进行了更深入的探索，试图解决研究中出现的争议。

（二）信息技术在可持续供应链管理中的应用

根据表 3-1 的检索标准，分别对可持续供应链管理从狭义和广义视角进行文献检索（结果去重），获得相关文献。从狭义视角来看，在可持续供应链管理中，信息技术相关的文献多集中在国外，国内相关研究总体数量依然偏少。如果将可持续供应链管理的内涵按照学者们总结的以 LARG 框架为基础进行重构，则可将范围扩大为绿色、精益、敏捷和弹性供应链管理中信息技术的相关研究。

通过对可持续供应链管理（狭义范围）中信息技术相关文献详细分析，可发现国外文献的研究方法较为多样：案例研究、文献综述和理论推演 3 种定性方法占据绝对主导地位；定量研究方面，结构方程模型（Cstrctural Equation Modeling，SEM）等方法仅有 7 篇论文，且定量研究基本集中在 2018 年及以后，尚处于起步阶段。进一步分析发现，信息技术延伸出两个概念，一是基础设施层面，包括系统、平台等；二是信息技术的应用能力。在讨论作用机制时，也大致分为三个方向：一是将信息技术作为可持续供应链实践（或能力）的驱动因素；二是将信息技术的应用能力作为一种"内在"力量，提升供应链透明度和资源利用效率；三是直接提升企业绩效。

表 3-1　国内外可持续供应链管理中信息技术及其相关应用的文献检查

	范围		主关键词	组合关键词	数量
国内外可持续供应链管理中信息技术及其相关应用的文献检查	狭义范围	国外	supply chain sustainability；sustainable supply chain	information technology；information system；information and communication technology；internet；e-technology；e-commerce；e-integration；IoT（Internet of Things）	23
		国内	可持续供应链（可持续性）	信息技术；数字化整合；信息整合；电子化；信息化；大数据技术；网络整合；工业 4.0；物联网	N/A
	广义范围	国外	green supply chain/greenness	information technology；information and communication technology；IoT；e-integration；information system；e-technology；e-commerce；e-link；internet；industry 4.0；electronic	21
			lean supply chain/leanness		21
			agile supply chain/agility		31
			resilient supply chain/resilience		2
		国内	绿色供应链	信息技术；数字化整合；信息整合；电子化；信息化；大数据技术；虚拟；网络整合；工业 4.0；物联网	4
			精益供应链		1
			敏捷供应链		3
			弹性供应链		N/A

注　1. 数据库：（国外）web of sceince 核心合集；（国内）CNKI 核心、CSSCI 和 CSCD。

2. 检索时间范围：1986—2019 年。

3. 剔除把一些关键词当作分析工具的文献，如 software、big data 等。

4. 检索方式：主要关键词采用标题检索，次要关键词采用主题检索。

　　将可持续供应链管理的内涵扩展为 LARG 框架后，涉及信息技术的文献总数量仅 83 篇（国内外合计），且可以发现，国内相关研究极为匮乏，且研究类型全部为定性的理论分析，国外研究类型较为多样，文献研究、案例分析和定量研究（尤其是结构方程模型分析）都占一定比例。从信息技术的作用机制方面，大致可以分为以下几个领域。

　　首先，将信息技术视为可持续供应链实践（LARG 框架，下同）的组成部分，绿色供应链领域中，杨学坤（2012）认为供应链上有效运用信息技术应是绿色供应链实践的重要表征之一，在提升供应链绩效中扮演着积极的作用；Khan 等（2021）重点研究了绿色信息技术对供应链的帮助，鼓励企业及其所在供应链适应云时代的要求，增加云投资，降低传统信息技术基础设施投资；Sayyadi 等（2018）在探索绿色供应链敏捷实践这个高阶变量时，认为绿色信息技术是其低阶部分。在精益供应链研究中，由于一些学者认为精益供应链的实践核心"准时生产"与"IT 管理"应整合在一起提升企业绩效，因此，将企业应用在供应链上的信息技术基础设施视为供应链实践的要素之一。

　　其次，将投资信息技术基础设施资源视为基于 LARG 框架下可持续供应链管理表现优异的直接因素，通过信息技术的应用可以影响可持续供应链实践和可持续性绩效。如通过对绿色供应链实践驱动因素的探索来确认信息技术的积极作用机制，Ghobakhloo 等（2018）和 Moyano-Fuentes 等（2012）分别用定量和定性研究方法讨论了信息技术对精益供应链实践的重要影响；Bi 等（2013）从信息技术应用能力的视角论证了其与敏捷供应链实践的积极关系；Urciuoli（2015）在文献研究中发现信息技术是弹性供应链实践的重要驱动力之一。此外，在论述信息技术如何影响供应链可持续性绩效方面，在绿色供应链管理研究领域中，物联网、绿色信息技术资源、信息技术应用能力等都被证实可以直接影响供应链可持续经济绩效和环境绩效；在精益供应链管理研究领域中，一些具体的技术如区块链技术、射频识别技术和较为宽泛的技术体系（如工业 4.0）也都是可持续经济绩效的重要驱动因素；在敏捷供应链管理相关文献中，学者们分别讨论了诸如信息技术网络、信息技术应用及其应用能力、信息技术整合等相关变量对供应链可持续发展目标的影响。

　　最后，将信息技术应用视为优化可持续供应链管理效率和透明度，提升资源利用效率以推动可持续供应链实践或供应链绩效的"环境"变量，即扮演协同或调节效应。在推动可持续供应链实践的研究中，这种角色和作用机制的探索主要集中在绿色供应链管理领域中，如国外的 Sarkis（2012）和国内的贾强法（2018）等都秉持这种观点，但基本都是从定性方面进行论述。而在提升供应链绩效的研究中，这种协同效应研究基本都从定量研究方面进行论证，如绿色供应链管理领域。

总的来说，在狭义和广义可持续供应链管理中谈论信息技术角色和作用机制的百余篇相关文献中，定量研究接近一半，并且这些定量研究中的一半以上都集中在信息技术的应用对供应链绩效（经济绩效、运营绩效、社会绩效、出口绩效、环境绩效等）的影响方面。在探索信息技术对可持续供应链实践的影响机制时，有学者认为信息技术可以提升协作透明度和供应链运作效率，增加企业对资源的利用效率，也有学者认为信息技术直接促进了可持续供应链实践的应用。信息技术对绿色供应链实践的作用更为模糊，其究竟起着协同效应还是直接效应至今仍无法确定，而对供应链中的精益实践、敏捷实践和弹性实践的作用，大多数学者都认可信息技术的直接效应。但是，这些研究都基于某一具体实践领域，很少有基于 LARG 框架的可持续供应链管理中信息技术的整合性研究。

（三）可持续供应链管理领域数字化整合研究现状

在狭义可持续供应链管理领域中，讨论信息技术作用机制的相关文献非常有限，更不用说对数字化整合角色及其作用机制的探讨。即便按照本书界定的基于 LARG 框架的可持续供应链管理领域，相关研究也处于初步发展阶段。通过文献回顾发现，研究中的信息技术主要呈现出三种形式：一是较为具体的技术，如射频识别技术、区块链技术、可扩展标记信息系统和物联网技术等，这一类的研究多聚焦在某类信息技术的影响机制探索上；二是信息技术的应用能力，这一类的研究认为简单的投资信息技术基础设施还不够，需要培养员工在实际业务中的使用能力；三是数字化整合，是比应用能力更深一层的概念，表示资源和流程的整合能力。显然，前两种构念的研究处于绝对的主导地位，但是也可以发现，供应链数字化整合及其近似概念在可持续供应链管理领域也呈现出增多的趋势。

传统供应链管理领域，关于信息技术驱动供应链的讨论在文献中比比皆是，但大多聚焦在信息技术基础设施方面，而这些资源投入往往会给投资方带来巨大的成本压力却不能得到想要的效益。对此，有学者发现，利用信息技术弥合供应链合作伙伴之间可持续发展存在的鸿沟是可能的解决思路。供应链合作伙伴之间需要了解彼此之间的协作状态，并分享有关其可持续实践的各种信息，供应链上各种资源（包括信息资源）通过信息技术可以实现一体化整合。Bag 等（2018）在论述具有可持续发展目标的企业应该如何应对工业 4.0 时指出，以信息技术为基础的工业 4.0 时代要求更高水平的数字化集成能力，营造更高的信息安全标准和更高的信息透明度，并推动垂直整合以最大化利用各种资源，进而推动供应链可持续性实践。

在 LARG 框架下的可持续供应链管理领域，Mendoza-Fong 等（2018）虽然讨论了信息技术整合及信息技术升级对绿色供应链实践和绿色供应链绩效的直接和间接影响，但同时认可 De Camargo 等（2017）的观点，即保持信息技术的整合和更新为绿色供应链实践提供了一种环境，企业如果能够运用信息技术优化内外部流程并确保信息技术的升级，就可以提升组织内外部业务的效率和效力。牟小俐等（2012）认为，绿色供应链管理模型中应运用信息技术资源集成内外部资金流、信息流和物流，他们认为供应链信息集成是基于信息技术支撑（信息系统、数据库和信息交换标准）的多层体系结构，不仅可以共享不同部门、不同层次的各种数据，还能够与供应商、客户、环保组织和政府机构等利益相关者的信息进行整合。Chakraborty 等（2018）以美国医院推进精益供应链实践为例，认为信息技术集成是指医院实施精益实践时，通过不同技术软件和硬件系统间的互联，强化跨交易的协调机制和全程的可见性以及信息共享来减少运营的不确定性，最终使医院管理人员更容易与医院内外部的其他合作伙伴开展业务。Sun 等（2010）讨论了供应链整合策略中的基于信息共享和电子商务的供应商整合策略对精益供应链实践的影响，他们除了强调供应商数字化整合，还增加了组织内部数字化整合通过感知有用性和感知利益对供应链精益生产的影响，他们认为，在精益供应链实践过程中，使用的信息系统包括互联网、电子数据交换、企业资源规划等都仅为信息基础设施，这些基础设施使用的能力以及与供应商内部之间的整合深度与精益实践有着很强的关联性，也就是说供应链整合是许多企业采用精益生产实施策略的一个主要步骤，基于信息技术的供应链数字化整合在推动精益供应链实践时具有积极影响。Swafford 等（2008）提出了信息技术集成的观点，认为信息技术集成用于协调和整合企业内部职能，以及与供应链合作企业间的信息，代表着信息技术的应用水平使用能力。高水平的信息技术集成和实施信息共享能够为实现企业灵活性，并进而提升敏捷性能力和供应链绩效提供助力。Cheung 等（2018）将信息技术整合与信息技术标准化共同视为信息技术体系的组成部分，为区别于竞争对手可能采取的类似信息技术资源，企业应建立能够反映战略的信息技术卓越架构，通过这一架构提升密切联结供应链功能和流程内外部整合的动态能力，实现竞争优势。Bargshady 等（2016）指出，在开发敏捷供应链时，研究人员和从业人员应通过生产规划、预测需求、库存管理和供应链订单等供应链功能的集成，强化对信息技术知识的认识和信息技术与业务模式之间的集成能力，这样才能实现信息技术的价值。

这些仅有的关于数字化整合在可持续供应链管理领域的研究多出现在近几

年，定量研究更是寥寥无几。鉴于很多学者仍然在不断质疑信息技术的"价值悖论"现象，认为简单的信息技术投资似乎并不能在可持续供应链管理中起到积极作用，通过信息技术构建的紧密联结，从某种意义上来说信息技术与供应链业务流程的数字化整合可能会决定供应链的整体效率，而且数字化整合（包括其近似概念）在可持续供应链实践中正在取代传统信息技术、信息技术应用和信息技术能力等概念。因此，将视线从信息技术投资和简单的应用能力掌握转向供应链数字化整合（supply chain e-integration），以此推动可持续供应链实践加速发展成为学者们努力的方向，也是本书研究的重点之一。

二、供应链实践与供应链管理可持续性研究

在全面改造传统供应链流程的过程中，管理者越来越认识到企业必须在供应链运营中解决可持续性问题。可持续性通常被定义为"在不损害子孙后代满足其自身需求的能力的前提下，利用其资源来满足当前的需求"（世界环境与发展委员会，1987）。这个定义在出现之初是较为模糊的，学者们为了将可持续性思想更精准地应用到供应链实践中，他们更侧重于环境问题，即可持续供应链管理最早主要聚焦在供应链环境管理视角，供应链应与周围（自然）环境协同发展。然而，随着研究的推进，可持续性这个术语越来越多地涉及社会、环境和经济责任的融合，即学术界尝试运用三重底线理论来衡量企业及其供应链是否实现了可持续性，可持续供应链实践也被相关学者认为是与可持续供应链管理密切相关的概念，即"在达成经济、环境和社会绩效目标过程中，企业在内部和供应链上相关生产、销售、存储和信息交换等过程中融入可持续性理念的实践活动"。随着对三重底线理论的深入理解，学者们在可持续供应链实践探索中除了强化绿色供应链实践这一核心要素，也不断将精益实践、敏捷实践和弹性实践等纳入其构成部分，作为企业和其供应链可持续发展的战略考量。因此，本节将遵从这一演化脉络，首先从精益供应链实践、敏捷供应链实践、弹性供应链实践和绿色供应链实践的概念、影响因素，以及与可持续性的关联进行文献梳理。

（一）精益供应链实践与可持续发展

"精益"一词最早可以追溯到国际汽车计划项目（International Motor Vehicle Program，IMVP），首先由 Krafcik 提出，由丰田集团用于实践。丰田集团依赖精益管理取得了巨大的成功，取代了三大传统汽车产业巨头（通用、福特和克莱斯勒），成为全球最大的汽车制造商之一。近几十年来，越来越多的企业尝试采用精益管理来满足市场需求，降低成本并获得竞争优势。

伴随着经济全球化的发展，供应链全球化已成为常态，全球商业环境趋于复杂化，不确定性不断增加，为了应对这种复杂的供应链环境，"精益"做法也从企业延伸到供应链领域，出现"精益供应链管理"的热潮。精益供应链管理代表了一种基于成本降低和精准生产的供应链管理范式，它涵盖了从产品设计到产品销售的所有流程，通过对企业及其上下游的精益集成，消除各种浪费，实现价值流动，以及精准生产、库存控制的战略目标。

通过以"lean & supply chain"和"精益 & 供应链"为关键词，在 web of science 和中国知网上（lean 和精益为标题，supply chain 和供应链为主题，web of science 主要为核心数据库，中国知网主要为 CSSCI 和 CSCD 数据库）搜索出的中外合计约 350 篇相关文献整理和分析发现，"精益"可以被认为是思想（或者理念、原则、哲学）、工具 / 技术、战略（策略）/ 系统 / 流程、绩效表现等。

Bhamu 等（2014）总结认为，在以往的研究中，精益供应链管理大多从两种观点进行论证，一种是与指导原则和总体目标相关的哲学观点，即战略层面，另一种是从完整的管理和工具实践角度来描述，即运营层面。随着时间的推移，越来越多的学者聚焦在内涵更加丰富且拥有更好测量性的"实践"角度上，探讨精益供应链实践内涵、维度及其前因后果也成为研究者的关注焦点。

1. 精益供应链实践的内涵、概念和维度划分

为了实现基于目标和原则的整体供应链管理，企业必须将精益供应链实践真正落到实处。精益供应链管理中出现的诸多工具、技术或方法最终会和精益理念结合而转化为日常的任务，帮助企业检查供应链流程，同时考虑最大限度地降低不必要的成本，减少浪费并改善低效的供应链活动，这就是"精益供应链实践"。而且，通过对文献的回顾可发现，"精益生产""精益制造""精益实践""精益生产实践""精益制造实践""精益应用"等关键词在精益供应链管理领域屡见不鲜，根据学者们的讨论，大多数学者都将这些概念等同。

Moyano-Fuentes 等（2019）明确指出，精益供应链实践是一个复杂的高阶构念，涉及一系列与供应链相关的实践活动。从精益供应链实践内涵来看，大多数学者都认可"拉式订单、减少浪费和 JIT 即时生产"是精益供应链实践最重要的内涵特征，这种观点在诸多学者对精益供应链实践的界定和维度划分上有所体现，如典型的功能细分法，就将精益供应链实践的各功能领域进行简单罗列。此外，比较流行的分类方法还有：①二分法，将供应链上的精益实践更加直接地划分为内部实践和外部实践两大类，其中，外部实践主要包含与供应商和与客户有关的精益实践。②四分法，供应商层面，如焦点企业与供应商的准时生产、上游关系

管理等；过程层面，如延期装配、5S 管理［整理（seiri）、整顿（seiton）、清扫（seiso）、清洁（seiketsu）、修养（shitsuke）］、反应时间控制、蜂窝制造等；人力资源管理（Human Resource Management，HRM）层面，如员工参与和管控、统计过程控制方法（SPC）、持续改善等；客户层面有与主要客户的准时生产和客户关系管控等。

Negrão 等（2017）通过对供应链实践的维度进行详细的文献调研后发现，无论是哪种分类方法，其中涉及的准时生产、拉式订单（Pull Order）、全面质量管理（TQM）、人力资源管理（HRM）、全面生产维护（TPM）、消除浪费等都是研究的热点，除此之外，细分并列法中也经常出现一些具体的维度要素，诸如持续提高、态度和看板管理等。由此可见，对于精益供应链实践的维度划分，宏观和微观、简约和复杂同时存在，没有较为明确的研究倾向。

2. 精益供应链实践与供应链可持续发展的联结

从精益供应链实践的概念、内涵分析来看，其实践活动集中在即时生产、减少浪费和降低成本，这些实践活动主要通过优化供应链流程来实现供应链的财务和运营效益。随着全球生态环境的恶化，企业和供应链的经济效益和环境效益进入博弈阶段，精益供应链实践由于其"以最小的代价获得最多的产出和减少甚至杜绝浪费"的本质受到越来越多企业的重视，并将其应用到减少废物生成的生产过程中。学术界和实践界将其与环境可持续性联系起来，如探索精益供应链实践单独对企业和供应链环境绩效的影响，精益供应链实践与基于三重底线理论的经济、社会和环境绩效关系的文献数量在近 5 年来飞速增长，并呈现研究方法多样、定量和定性研究并重的现象。除此之外，定量研究的数据来源多集中在特定的地理位置或行业，位置集中在欧美、印度等，行业集中在制造业。

3. 精益供应链实践的影响因素分析

通过对现有相关文献的分析可以发现，对精益供应链实践影响因素的研究明确分为两个时间段，第一个阶段是 2012 年以前，研究了诸如组织和社会文化背景的影响及管理承诺、目标一致性和沟通的阻碍效应；在定量研究方面，研究了信息整合等对精益供应链实践的推动作用和社会文化因素的阻碍效应。第二个阶段出现在 2015 年后，无论是定性研究还是定量研究，大多延续了第一阶段的研究内容：在定性研究方面，从案例、文献综述等方面扩展了更多的障碍（驱动）要素，还有一些新的视角，如弹性工程原则和工业 4.0 的影响；在定量研究方面，跨组织关系、信息技术、管理承诺、目标一致性等都进入研究者的研究范围。

（二）敏捷供应链实践与可持续发展

19世纪80年代初期，企业竞争的重点大多集中在成本、质量和可靠性上。企业在开发和推出新产品及销售和分销期间的时间管理是最强的竞争优势，因此，以时间和成本为基础的竞争概念成为企业竞争力的指标，这推动了企业在关键路径上加速行动的能力。丰田集团基于准时生产的精益理念，正是对这一能力的延伸，即强调通过消除浪费的技术以达到提高效率和低价的目的。但是，当市场动荡且满足较短时间窗口的要求时，精益供应链实践实际上受到了限制，Johansson等（1993）曾以地毯行业为例指出，传统的供应链从原材料供应到铺到消费者住所的地毯大约需要16周。尽管精益实践可以将周期时间减少到4周，但它几乎无法帮助地毯制造商以所需的响应速度进行操作，既不能满足消费者设定的短至1周的时间窗口，又不能应对层出不穷的需求变化。除此之外，竞争环境的剧烈变化也对企业更快应对客户需求提出新要求，这些要求引发了人们对敏捷（Agility）的兴趣。美国利哈伊大学Lacocca研究所率先在1991年引入了敏捷性，认为敏捷性是企业在不断变化的环境和分散的市场运营中成功获得竞争优势的关键要素。1992年，Lacocca研究所首先将敏捷性定义为"企业在无法预测和变化的环境中持续发展的能力"，显然，对企业敏捷性的重视晚于精益思想。

企业培育敏捷性是市场及竞争环境变化的必然要求，敏捷性最终导致产品的定制化和较短的生命周期。随着敏捷性在制造业的渗透，企业也在建立基于较短交货时间和高度灵活性为基础的供给能力，同时，敏捷性也将沟通、技术和市场战略进行关联，使企业能够快速响应市场变化并做出反应。因此，从组织的能力角度来看，敏捷性是指企业能够快速响应市场变化并准确满足不稳定的客户需求的能力。

进入全球竞争的新时代后，企业、供应商和客户之间的关系也变得越来越复杂，且企业之间的竞争不再局限于企业之间，供应链之间的竞争更是重中之重。供应链以诸如产品供应、产品需求、物流体系、产品生命周期及其他因素为主要特征。由于这些因素是不断波动的并不恒定，因此，企业必须明智地描述其在供应链中的策略，和供应商、客户，甚至其他合作伙伴保持一致，共同从"作为订单赢家的成本观念转变为作为市场赢家的响应速度"。因此，从供应链层面来看，企业调整其供应链中的策略和运营以应对环境变化、机会和威胁，通过高速、高响应性和高度灵活性来响应客户需求，以在市场竞争中获得竞争优势的能力，就是企业的供应链敏捷性。供应链管理与敏捷性的融合通常被称为敏捷供应链管理（ASCM），这是一种影响工业和制造业领域的商业理论。

为了更深刻地理解学术界在敏捷供应链管理领域的研究，我们以 agile/agility &

supply chain 为关键词，在 web of science（agile 和 agility 为标题，supply chain 为主题）搜索相关英文文献（web of science 核心数据库为主），同时以"敏捷 & 供应链"为关键词，在中国知网上搜索相关中文文献（CSSCI 和 CSCD 为主），通过整理和分析典型文献发现，将供应链敏捷性视为一种能力的相关研究占据主流，这一直以来符合敏捷性从企业中落实到供应链中的视角。除了将供应链敏捷性视为一种独特、动态能力（通常情况下，实证研究大多使用资源依赖理论和资源基础观或关系管理作为理论基础），不少学者也将供应链敏捷性解读为战略（或属性）、实践 / 行为、绩效表现、理念及范式等。

1. 敏捷供应链实践的概念和维度划分

尽管将供应链敏捷性视为一种独特且动态的能力是研究主流，但是学者们也存在诸多分歧，如研究应该聚焦在能力上还是实践上？ Narasimhan 等（2006）曾明确指出这一问题，即界定供应链敏捷性时，文献经常混淆敏捷绩效、敏捷实践和敏捷能力才导致了这种分歧。为了在瞬息万变的市场中实现蓬勃发展，供应链需要将敏捷能力转化为实践行动，正如 Potdar 等（2017）所言，供应链管理理论发展中，迫切需要厘清对供应链敏捷性的分歧，开发通用的敏捷供应链实践框架，以应对动态的市场变化。然而，当前文献中缺乏对敏捷供应链实践的深层次探讨，与精益供应链实践和绿色供应链实践相比，无论是概念，还是构成维度方面，都处于未开发状态，需要借助对"供应链敏捷性"的理解进行说明。

学术界对供应链敏捷性的定义已经基本达成共识，其主要集中在两个方面，一方面，敏捷性是指企业面对供应链计划外的环境做出快速反应的能力，这种计划外的环境包括客户需求变化、产品需求变化、新产品开发等，主要强调"速度"；另一方面，敏捷性要求企业在供应链上拥有灵活性，即灵活应对市场变化、客户变化、产品变化的能力，甚至要确保随时调整结构以应对各种变化。显然，敏捷性将影响企业的运营计划，以及在供应链中的互动，敏捷性本质上也在寻求协调企业内外部的各种活动，或者说，将敏捷性应用于各种活动中才能最终取得企业的竞争优势，例如，通过科学的销售预测、业务计划的战术性调整、新产品开发速度的提升、合理的剩余能力和库存周转计划等活动来获得绩效的提升。虽然没有给出具体定义，但也有学者曾尝试对供应链上的敏捷实践给出一些解读，如 Khan 等（2009）曾指出，敏捷供应链实践应响应市场需求和供给变化，将敏捷能力集成或部署至供应链过程、网络活动中，最终实现敏捷供应链管理。本书结合前人研究，尝试给出敏捷供应链实践的定义，即企业的敏捷供应链实践是企业在自身及其供应链合作伙伴的业务流程中，快速和灵活地消除干扰、配置资源，应对动态和不可预测业务环境（如需求变化、市场变化等）中的各种实践活动及行为，包括但不限于敏捷制造、敏捷采购、敏捷供应和敏捷物流等。供应链敏捷性属于一种能力，然而敏捷供应链实践主要是业务倾向，而非能力倾向。

有学者曾列举出一些敏捷供应链实践，诸如迅速向市场引入新产品，敏感地应对客户需求变化，快速满足客户需求、个性化服务（如产品改进）和缩短制造周期等，这些实践行为无不契合供应链敏捷性的能力要求，因此，敏捷供应链实践的维度划分完全可以参考供应链敏捷性的维度划分。鉴于此，本书吸收了以Azevedo 等（2012）为代表的观点，认为敏捷供应链实践的核心维度分别为灵活实践和速度实践，其中，灵活实践强调企业面临供应链上的复杂环境，能灵活地改变策略和资源配置以应对变化，而速度实践则强调快速反应，即面对计划外的变化，企业需要通过切实行动快速、及时地完成各种要求，如改变需求结构、临时增加新产品品种等。

因此，不同于精益供应链实践的研究，敏捷供应链实践的概念和维度划分在当前学术界并没有受到很多关注，现有研究大多将敏捷性作为一种能力进行探索，本书参考了精益供应链管理的发展脉络，认为未来讨论敏捷性在供应链上的应用时，应将视角从"能力"转向"实践"，构建敏捷供应链实践框架。

2. 敏捷供应链实践与供应链可持续发展的联结

Avelar-Sosa 等（2018）认为，企业在供应链上采取敏捷策略被认为是公司取得可持续性目标的重要成功因素，因为企业的可持续性供应链发展目标不仅在于满足环保要求，还在于供应链运营环节的健康稳定发展，且与供应链合作伙伴共同取得财务收益，这些才是企业取得供应链可持续性目标的保障。

具体来讲，企业的敏捷实践可以提高客户交付，在面对市场和需求变化时，尽可能快速满足客户的产品质量要求，进而直接和积极影响企业的财务绩效。Hallgren 等（2009）聚焦在企业的灵活交付和质量等运营绩效方面，对来自三个行业和七个国家的 211 家制造公司的样本进行了实证检验，随后 Inman 等（2011）也使用更大范围的样本（来自美国 1350 家制造公司的样本）确认了敏捷实践对运营绩效的显著影响；在环境绩效方面，Mirghafoori 等（2017）通过实证研究讨论了企业的敏捷供应链策略通过组织创新和客户满意度对绿色绩效的影响。此外，Iqbal 等（2018）认为，企业的敏捷供应链实践（或敏捷性策略）能够同时显著影响市场、运营和财务绩效。

由于客户需求的不断变化，供应链很难实现其目标，这就需要企业在正确的时间以正确的成本、正确的数量、正确的条件将正确的产品交付到正确的位置。为了克服这些问题，应在供应链流程和实践中应用敏捷策略，因为部署敏捷实践有助于提高供应链的可持续性。企业应将敏捷实践作为应对快速增长和不断变化的市场的战略，更是作为企业取得供应链可持续性目标的一种途径。

3. 敏捷供应链实践的影响因素分析

从文献分析中可以发现，主要讨论供应链敏捷性前因（驱动、阻碍、影响要素）的研究占文献分析的四分之一。从深度上来看，在探索供应链敏捷性影响因素的研究中，企业内部层面的要素没有被忽略，如组织结构、组织人力资源、组织灵活性、组织拥有的信息技术资源和能力等都有所涉及。供应链层面的要素也正在成为研究重心，如供应链适应性、供应链整合、跨组织信息技术资源、信息共享、供应链创新、共同愿景和供应链合作关系等。

（三）弹性供应链实践与可持续发展

一直以来，推动企业提高效率、降低运营成本的趋势引发了诸如精益生产的应用，而缩短产品采购、生产和交货时间，及时和灵活地采购和交货等也要求供应链在精益生产的同时考虑敏捷性，所有这些实践都产生了显著的商业利益。然而这些做法虽然降低了成本，提升了生产敏捷性，但它们也增加了供应链的脆弱性。与此同时，全球化使企业在原料采购、离岸制造和市场覆盖等方面都超越了国界，这意味着要覆盖更长的距离，甚至跨越边界，更长更复杂的供应链应对因风险引起的延误和中断的潜力会降低。正如 Glendon 等（2013）指出，供应链中断是一个现实，这不是是否发生而是何时发生的问题，那些曾经被视为可能性很小的"黑天鹅"事件，现在却经常发生。如 2015 年，欧洲的移民危机严重影响了整个非洲大陆的货物运输，货物污染、延迟、损失等情况给全球带来了严重的财务后果；2019 年年中，由于美国禁令，从英特尔到谷歌等美国科技大公司纷纷暂停向华为供应重要软件和元件，遵从特朗普政府为遏制华为发展而采取的打压政策。尽管华为准备多年的"备胎技术"也可以确保生产业务不受较大影响，但在全球部分地区，华为仍然受到不小打击［如谷歌的移动服务框架（GMS）暂停使用使华为手机业务在除中国以外的地区变得格外艰难］。这些案例证明，无论是区域内，还是因商业全球化带来的超越国界的供应链，都可能随时受到不确定性风险和中断的影响。

业务连续性研究所（Business Continuity Institute，BCI）曾于 2011 年对 62 个国家和 14 个行业的 559 家公司进行调查，发现八成以上的公司在过去 12 个月内报告过至少一个供应链中断事件。尽管全球供应链提供了获取低成本劳动力和原材料的途径，但是企业也会面临着更复杂的商业环境，在此期间，不断变化的商业环境随时可能会给供应链带来意想不到的风险和破坏。供应链中断不仅会为企业造成严重的生产力损失和绩效损失，同时也会给上游和下游所有关联公司带来连锁反应。

因此，管理与供应链有关的风险和脆弱性已经成为当务之急，也引发了学者对该主题的学术研究和实践的兴趣，这种兴趣代表着传统风险管理思想的转变。由于传统风险管理思想主要建立在"管理人员预先精准识别风险"的基础上，而现实中很多风险和中断不可预测且不可知，其统计特征难以发现，所以传统风险管理思想不足以解决全球供应链所面临的日益增加的脆弱性、不确定性和不可预见的中断。随着供应链网络进入动荡的时期，在设计、构建和管理供应链方面需要新的方法和思路，企业必须践行弹性策略，以使供应链免受干扰，有弹性的供应链能够吸收干扰、恢复其功能并在逆境中"反弹"，同时还可保留系统的基本功能和结构，已成为管理供应链风险和脆弱性的重要工具，如美国于 2012 年发布的《全球供应链安全国家战略》中明确强调加强全球供应链的主要目标之一就是"建立有弹性的供应链"。

鉴于供应链弹性在发生破坏性事件时具有极其重要的意义，因此对其进行全面理解至关重要。在以往对供应链弹性的研究中，尽管大多数学者都将供应链弹性视为企业管理风险的能力，是一种比竞争对手更好，更具经济效益的应对风险的能力，并在此过程中获得竞争优势，但是也有很多学者坚持认为，供应链弹性应该是一种绩效指标，可以通过一定的运营策略来实现供应链弹性，即如果企业在面对风险时采取了合适的应对措施并使供应链恢复正常，则认为供应链具有弹性。

1. 弹性供应链实践的概念和维度划分

从企业和供应链运营的本质来看，企业和供应链都是为了追求效益最大化，而效益包含经济、社会、环境和运营等方面，因此，无论是构建有弹性的供应链还是优先供应链使其有弹性，最终目标应当聚集于效益最大化，即在面对风险和意外事件时，企业通过迅速应对降低损失，甚至重新配置供应链资源以达到更好的生产状态，这种行动本质上是弹性能力在运作流程上与实践的结合与应用，因此，为了更全面和深刻地理解供应链弹性，尝试将弹性视角从"能力"转向"实践"，即将弹性能力要素和供应链运作流程结合起来形成弹性实践。Ruiz-Benitez等（2017）是其中的代表人物，他们认为弹性供应链实践与供应链上绿色实践和精益实践类似，本质上是将弹性理念、战略或能力应用到企业的供应链运作流程中，是企业应对意外干扰的实践组合，以推动企业和供应链绩效的提升。

鉴于弹性供应链实践仍属于比较新的视角，为了增进对其概念和维度划分的理解，需要整合供应链弹性的概念和维度划分进行讨论。对于供应链弹性的概念，不少学者聚焦在"准备（readness）、应对（response）和恢复（recovery）"的三维结构方面，也有学者如 Hollnagel（2011）认为是"主动（proactive）、并发

（concurrent）和被动（reactive）"的三维结构，其中，准备（主动）是指事前准备阶段所需的能力，应对（并发）涉及快速反应性思维和应对突发事件抵抗干扰的响应能力，恢复（被动）是指在中断后如何从破坏中恢复到原始状态或更好状态。越来越多的学者尝试简化三维结构，将供应链弹性视为更为简单的二维结构，即"主动和被动"，并成为主流观念。这种概念的延展也被学者应用到对弹性供应链实践的划分，如 Tukamuhabwa 等（2015）曾将企业采用的供应链弹性策略分为主动策略和被动策略；Chowdhury 等（2017）认为事件和风险的发生应该作为一个分界点，将弹性实践二维化解构为主动实践和被动实践。

本书采用最新观点，认为弹性供应链实践应该由"主动实践和被动反应实践"构成，是一个典型的二阶构念。其中，主动实践是"主动为可能的意外事件和中断、风险做好准备，集中在如计划供应链活动、构建冗余库存、供应商选择等方面"，而被动反应实践则主要分为风险反应和恢复，具体为事件或风险发生后的"应对"，这种应对可包含"反应和恢复"两种，本质上都带有"被动"属性。

2. 弹性供应链实践与供应链可持续发展的联结

研究发现，有弹性的供应链除了可以预防或应对灾难、改善供应链脆弱性，更是企业获得可持续竞争优势的动态能力，因此，通过供应链弹性取得可持续性的竞争优势或竞争力是研究的焦点。具体来讲，Craig 等（2014）通过对 Hugo Boss（世界知名奢侈品公司）的供应链进行实证研究，发现具有弹性的供应链能够更好地满足客户需求；Hohenstein 等（2015）在对供应链弹性的文献综述中重新认识并强化了弹性对企业业务增长的影响，供应链在发生中断后，弹性通常以一种新的和改进的方式重组供应链，从而导致业务增长；Ruiz-Benitez 等（2019）从可持续供应链管理的视角先后探索了弹性供应链实践对环境绩效、运营绩效和经济绩效的影响；Wieland 等（2013）通过对德国制造企业供应链的调研，重点考察了弹性对供应链上客户价值的积极影响。总的来说，企业采取弹性供应链实践不仅影响企业的经济利益，还会影响其他绩效，如环境绩效，最终推动企业的可持续发展。

3. 弹性供应链实践的影响因素分析

很多学者都对建立弹性供应链或提升供应链弹性提出了一些建议或确定了一些促成因素。学者对如何建立弹性供应链（网络）一直充满兴趣，诸多学者通过运用数学方法或仿真模型进行推演，并以案例进行算例的验证，如 Geng 等（2013）通过动态演化分析了发生故障时的弹性供应链构建，Kristianto 等（2014）通过优化库存分配和运输路线来设计可重构的供应链网络，Gan 等（2019）通过三角模糊数、最佳方法（BWM）和模块化 TOPSIS 组合在随机环境中进行供应商选择以构建具有弹性的供应链等。除此之外，还有其他的代表学者如 Mari 等（2014）和 Chen 等（2017）在构建弹性供应链时将绿色和稳健性等属性融合以提升供应链竞争优势。在提升供应链弹性研究方面，一些比较重要的因素，如供应链结构，企业与供应链合作伙伴之间的协作关系甚至密切整合，信息共享，风险管理文化，创新等经常被提及（Dubey et al., 2014）。

（四）绿色供应链实践与可持续发展

传统供应链的管理目标是降低成本和改善服务，对环境方面的关注很少。但是，日益严重的环境问题和人们对资源枯竭的关注使各级监管机构制定更加严格的环保法规，同时，公众的环境意识也在不断增强，代表公众环保理念的第三方环境保护组织给予企业的压力也在不断增加。鉴于这些变化，很多企业被迫启动环保计划以改善环境问题。另外，由于法规对有害物质的使用和污染排放物的限制，企业不得不设计考虑环境因素的供应链网络，推动企业将环保计划扩展到其供应商和客户。

绿色供应链管理变得越来越必要，学术界尝试对其概念进行界定。然而，纵观文献，缺乏明确的差异化界定导致学术界对"绿色供应链管理""绿色供应链管理实践"和"绿色供应链实践"等相关概念界定不清。部分学者认为，绿色供应链管理应侧重于管理哲学、理念或方法，如以 Narasimhan 和 Carter 为代表的学者，较早地从采购的哲学视角认为，绿色供应链管理应强调材料的再利用和回收；Ahi 等（2013）从文献中为绿色供应链管理找到了 22 个不同的定义，但使用最广泛的定义来自 Srivastava（2007），即"将环境思想整合到供应链中"的管理理念；Dubey 等（2017）更加明确这一点，认为绿色供应链管理"是一种为组织提供竞争优势的理念，这些竞争优势包括产品质量高，服务质量高，浪费最少，零污染，形象更好，投资回报率高等"。另一部分学者认为应将视角转向"实践"层面，即将绿色供应链管理视为一组或一系列供应链实践或策略应用，具体来讲，绿色供应链管理强调的是企业及其供应链从原材料采购、生产制造到最终客户的绿色实践活动。本书认为，绿色供应链管理可以被认为是一种有效的环境管理方法和理念，但是这种方法和理念最终要通过绿色供应链实践来实现企业及其供应链的竞争优势，所以绿色供应链管理和绿色供应链实践应该有本质差异。随着研究的推进，绿色供应链实践正在成为主流，探讨其概念、维度及前因后果也成为研究者关注的焦点。

1. 绿色供应链实践概念和维度

对"绿色供应链实践"概念的界定，比较有代表性的观点有两种：（1）从产品生命周期理论进行的考虑，如 Diabat 等（2013）认为，绿色供应链实践是将影响供应链的环境负担考虑到产品生命周期所有阶段的各种环境实践，从资源提取到制造、使用和再利用，最终回收或处置；（2）从供应链工作流程进行的考虑，Sellitto（2018）曾根据绿色供应链管理的定义，认为"绿色供应链实践"是指贯穿整个供应链的内外部各种绿色活动和绿色流程实践。然而，无论从哪个视角对绿色供应链的概念进行探索，基于环境考虑的合作、绿色材料和能源节约型设计、绿色采购、绿色制造和工艺规划、废物利用（如企业出售废料和废旧材料）、回收、绿色包装和供应商的 ISO 14001 认证等功能要素始终都是绿色供应链实践的核心要素。因此，不少学者尝试从简单的功能领域划分，对绿色供应链实践进行分析。

然而有学者认为，简单从绿色供应链实践的功能要素进行维度划分可能并不理想，因为绿色供应链实践代表了包括企业内部及其供应链合作伙伴之间广泛的供应链管理活动，因此，为了充分理解绿色供应链实践，部分学者将一些零散的维度划分为上游和下游，以及内部流程涉及的绿色实践活动，这种更加明确的维度划分方式正在受到越来越多的关注，如 Sarkis 等（2004）曾强调内外部之分，在其建立的四维绿色供应链实践框架（内部绿色实践、外部绿色实践、回收投资和生态设计）中明确指出内外部的分类；Vachon 等（2006）则认为，绿色供应链实践的重点在于先强调企业本身采用的绿色实践，然后将其扩展到供应商和客户之中。因此将绿色供应链实践分为内部绿色供应链实践、与供应商有关的绿色供应链实践和与客户有关的绿色供应链实践是比较合理的做法，分别对应企业内部与环境保护原则相关的管理实践活动，如投资原材料回收和再利用，采购环保友好型材料等，企业与其供应商直接参与共同制定的绿色供应链管理实践和与客户直接参与共同制定的绿色供应链管理实践，并且他们指出，企业在上下游合作伙伴中采取的绿色实践明显与内部存在差异，比如与供应商的 ISO 14001 系列认证与环境审核，与上下游合作伙伴为了实现环境目标而建立的密切的合作等。后续有学者如 Tseng 等（2019）发展了这种维度划分方式并进一步讨论了这些内外部绿色供应链实践的作用机制。总的来说，绿色供应链实践仍然是一个多学科的问题，尽管很多学者依然认为它缺乏一个整合的、全面的框架进行测量，但是这种三分法的划分方式更占据优势，本书将采用该方式测量绿色供应链实践。

2. 绿色供应链实践与供应链可持续发展的联结

绿色供应链实践本质上源于供应链的背景下建立环境友好型的管理实践，最初是为了取得环境绩效目标，但是近年来，企业已经逐渐意识到，绿色供应链实践在推行中遇到了各种各样的问题，如额外增加的成本、复杂的管理流程、难以协调的内外部环境要求等，通过环境绿色标准实施衡量绿色供应链实践的单一观点已经无法提供可持续性。为了响应长期以来学者们的呼吁，越来越多的企业采用更全面的绩效框架，即世界环境与发展委员会曾提出的供应链可持续性的三个方面：环境绩效、经济绩效和社会绩效（也有学者认为是环境绩效、经济绩效和运营绩效），这种绩效测量方式也被学者们认为是基于三重底线理论的供应链可持续性发展目标。Diabat 等（2011）指出，绿色供应链实践可能是平衡环境绩效、经济绩效和社会绩效的好策略。诸多学者已经谈到了绿色供应链实践在实现可持续发展中的重要性，在环境绩效方面，绿色供应链实践涵盖了关于减少公司产品或者服务对环境带来的不利影响做出的各种努力，如通过减少废弃物和有害物质的排放、减少能源消耗、增加环保友好型原材料采购、投资回收和再利用等。

近年来，越来越多的学者尝试检验绿色供应链实践在取得更加全面的、基于 TBL 的供应链可持续性绩效的作用机制。虽然没有明确指出，绿色供应链实践是可持续供应链实践的重要组成部分，但是有学者已经在呼吁，为了厘清绿色供应链实践和可持续供应链实践之间的差异，需要更加详细的框架对二者加以区分。鉴于绿色供应链实践在供应链可持续性绩效方面的作用机制和重要性，学者们将绿色供应链实践视为可持续供应链实践的重要组成部分并不足为奇。

3. 绿色供应链实践的影响因素分析

迄今为止，以前的研究已经对绿色供应链实践在供应链可持续发展管理中的益处和重要性作出了重要贡献，也获得了广泛的认可。但是，绿色供应链实践仍未被许多企业接受，学者们已经开始将研究重点放在探索哪些因素可以激励或阻碍企业绿色供应链实践。因此，在某种程度上，关于是否实施绿色供应链做法的讨论已被关于如何鼓励更多的企业推进绿色供应链实践和如何在更深层次上实施绿色实践的讨论所取代。

学者们对绿色供应链实践的影响因素进行了大量研究，很多学者采用了辩证的观点来看待这些激励或阻碍因素，即激励的因素如果缺乏也会成为阻碍因素，例如政府的法规，利益相关者和机构的压力，以及企业对环境的关注。大量的相关研究还表明，绿色供应链实践的成功推进还取决于管理要素，例如，高层和中层绿色实践承诺、全面的环境质量管理、与不同部门的合作等，这些管理要素也被称为"管理支持"。

以上外部压力或内部管理动力的讨论一直占据研究的主流，绿色供应链实践在启动和运行时仍然会面临诸多问题，例如，Sarkis 等（2006）较早地意识到环境友好型材料、环保包装的成本是绿色供应链实践的关键阻碍，尤其对一些小公司而言，这种阻碍效应更加明显。有研究进一步解释，实施绿色供应链管理举措虽然可以获得长期收益，却不能忽视短期成本投入，企业（尤其是中小型企业）仍然会由于短期利益或未来的成本收益而犹豫不决，换句话说，缺乏财务支持可能是成功实施绿色供应链实践的关键制约因素（如缺乏初期培训和基础设施采购投资）。一些学者如 Diabat 等（2011）也证实，"充足而合理的财务投资"是绿色供应链实践的关键。除此之外，准时生产、企业的人力资源管理及绿色信息技术也开始受到学者们的关注。

第二篇

研 究 篇

第四章　基于 HW 和 FR 公司的探索性案例对比分析

对基于 LARG 框架可持续供应链实践的研究不仅在国外尚处于起步阶段，在国内也较少见。纵观现有文献，信息技术对 LARG 框架下的可持续供应链管理实践的具体影响路径仍不清晰，现实中，它们彼此之间的关联难以从企业和产业实践中脱离，只有结合企业和产业现实，并通过系统观察和思考才能找出二者之间的联系，解决"如何做"的问题。因此，本章将使用探索性案例研究的方法，对信息技术与精益供应链实践、敏捷供应链实践、弹性供应链实践和绿色供应链实践之间的关系进行初步的探究。

考虑到供应链整合领域、信息领域中的信息技术应用及精益、敏捷、弹性和绿色供应链管理等问题已经具备一定的理论基础，本章主要参考 Eisenhardt（1989）的观点，首先建立初步的理论框架，然后在该理论框架的基础上结合相关案例进行分析，通过梳理、总结和完善初步理论架构得出案例研究结论和逻辑关系模型。

第一节　初步理论框架

初步理论框架的构建主要集中在相关概念及其内涵范围的明确上。国外在文献研究中已经从单一视角到多元化视角论述了可持续供应链实践内涵的扩展，即可持续供应链实践可以表述为供应链上的精益实践、敏捷实践、弹性实践和绿色实践的集成（LARG 框架）。虽然有研究显示，这些实践模式存在某种程度上的重叠，但更多学者认为，这四种实践模式的研究重点存在较大差异，如绿色供应链实践强调"企业内外部与环境保护原则相关的管理实践活动"；精益供应链实践的研究重点在于"准时生产、减少浪费和拉式订单管理和全面质量管理"等；在敏捷供应链实践方面，我们认为其核心在于"灵活应对和速度应对"，其中，灵活强调企业面临供应链上的复杂环境，能灵活地改变策略和资源配置以应对变化，而速度则强调快速反应，即面对计划外的变化，企业需要通过切实行动快速、及时地完成各种要求，如改变需求结构、临时增加新产品品种等；弹性供应链实践指在面对风险和意外事件时，企业通过迅速应对降低损失，甚至重新配置供应链资源以达到更好的生产状态。

在供应链信息技术方面，有研究已经提出了基于"信息技术基础设施"和"数字化整合"（也有学者称之为 IT 整合）两个维度的二维化解构。其中，信息技术基础设施是"处理、存储和传递信息"给内部业务用户和外部合作伙伴的所有要素，包括硬件、软件应用程序、信息技术、数据库等，这些要素由企业的信息化部门集中协调，但是内外部所使用的信息技术基础设施存在一定差异，要根据现实情况进行选择，具体包括射频识别技术、电子资料交换技术、企业资源计划系统、电子采购、仓储和物流等系统；而供应链数字化整合，学术界对其研究仍处于初始阶段，概念的形成和发展较为缓慢，本书主要参考信息系统领域和供应链领域相关学者的论述，认为供应链数字化整合是一种可以将信息技术应用在改造或优化供应链流程，在组织内外部实现基于价值传递的密切联结和协作能力，也代表一种高强度的联结和协作，是一种基于信息技术的协作模式。

第二节　研究设计

一、案例选择

案例选择是案例研究中很重要的一环，在一定程度上会影响整体案例研究的信度和效度（关于信度和效度的详细介绍，详见第五章第四节）。由于本章的重点是探索性地研究供应链信息技术（包括基础设施和供应链数字化整合）与基于 LARG 框架的可持续供应链实践（精益实践、敏捷实践、弹性实践和绿色实践）之间的复杂关系，因此，使用多案例研究比较合适。一方面，多案例所得结论比单案例设计更有推广性，可以同时找到更准确的证据；另一方面，还可以通过案例对比得出的结论深化主要构念内涵、彼此间逻辑关系的解释。在确定了多案例的研究方法后，需要考虑案例抽样的问题。一般来讲，探索性案例研究大多采用理论抽样（theoretical sampling）的方式进行。理论抽样是指根据理论目的而选择案例。为了进一步确保案例分析的信度和效度，研究选择一家广东地区的典型中上游制造企业，东莞市 FR 计算机有限公司（以下简称 FR 公司）（作者曾在互联网与制造企业工作多年，该企业曾是作者任职公司的一个重要供应商，为了便于更深入地挖掘数据，选择该企业作为样本）。同时，还将一家会披露企业可持续发展报告的典型企业纳入研究对象，通过对比分析内容的可得性，最终选择了华为公司（以下简称 HW 公司），而且 HW 公司是一家主要生产、制造信息技术基础设施的大型企业，与 FR 公司相比，除了体量上存在较大差异，在供应链上的位置、权力等方面也存在区别，有利于进行案例对比。对两家案例企业的信息简介如表 4-1 所示。

表 4-1　案例企业信息简介

样本公司	HW 公司	FR 公司
成立时间	1987 年	1996 年
公司总部	深圳 & 东莞（迁移）	东莞
主营业务	信息技术基础设施、云服务和智能终端提供商	鼠标、键盘、耳机、HUB、手柄、音箱等计算机周边产品的研发、生产及销售（贴牌、自有品牌）
员工人数	18.8 万（2018 年度）	500（2018 年度）
年销售额	7212 亿元（2018 年度）	1.9 亿元（2018 年度）
行业地位	领先	中等偏上
供应商总数	全球 1.3 万余家	43 家（在供应商管理系统中，2018 年有交易记录的供应商数量）
客户总数	企业（政府）客户数万家（消费者客户除外）	企业客户 122 家（2018 年有交易记录的终端消费者除外）

注　HW 公司信息来自集团官方网站及 HW 公司 2018 年年报；FR 公司信息来自企业官方网站及作者的深度访谈。

二、数据收集

　　案例研究为了确保信度和效度，一般会采用多元方法进行数据搜集。常用的定性收集数据的方法包括深度访谈、实地调研和二手资料等方法。其中，深度访谈可细分为非结构化访谈和半结构化访谈两种。非结构化访谈中，没有事先准备好的访谈提纲，允许受访者畅所欲言。这种方法难以对受访者进行控制，容易导致受访者偏离主题。在半结构化的访谈中，研究者会根据研究主题和研究目的准备一份详细的访谈提纲，根据访谈提纲对受访者发问，这种方法比较聚焦，访谈效率较高，便于搜集资料。实地调研则主要通过走访企业，调研企业的业务流程的运作情况完成深入了解和信息收集，包括但不限于观察和收集企业在生产运作、交货、存储、运输中的信息技术应用情况等资料。二手资料主要通过搜索引擎、权威媒体、企业官网（如网站和移动端信息平台，如微博和微信公众号等）等方式。

（一）深度访谈

　　对 FR 公司的访谈：根据前人文献，为 FR 公司准备了详细的访谈提纲，与企业的董事长（LH 先生）、负责采购的采购总监和负责销售的销售经理通过面对面的方式进行了访谈。在见面之前，先把访谈提纲发给 LH 先生，以供其了解本次访谈内容，两位关联人士由 LH 先生通知并传递访谈内容，访谈内容通过速记笔记记录（应 LH 先生要求，无法录音）；对 HW 公司的访谈，由于受到条件限制，并没有面对面访谈，但 HW 公司资料收集过程中出现的疑惑，通过邮件与 HW 可持续发展委员会相关工作人员进行在线沟通，确认关键问题（如绿色供应链实践中的相关投入问题）。

（二）实地调研

对 FR 公司的调研：在 FR 公司各部门进行走访，调研企业从生产到运输过程中可持续供应链实践的情况和信息技术应用情况，参加企业应对广东省和东莞市的环境法规的相关会议一场，听取了合规部门对《FR 公司关于深化业务流程信息化应用》修改稿的讨论等；受限于研究条件，对 HW 公司并未进行实地调研。

（三）二手资料

FR 公司：二手资料主要包括企业以往发布的可持续供应链实践的相关公文（如针对东莞市的环保要求做出的整改说明），从互联网等渠道获得的企业信息等。HW 公司：二手资料是获得 HW 公司资料的最重要和最主要的手段之一，主要是从企业官方渠道获得的官方披露文件，如自 2008 年之后的 HW 公司《可持续发展报告》和自 2017 年之后的《ICT 可持续发展目标标杆报告》，历年的 HW 公司年报等，还有 HW 公司的"TECH4ALL"相关故事，"全球联接指数""数字溢出"等项目的报告；媒体报道的数据，如从互联网媒体获得的 HW 公司可持续发展相关报道等。

三、数据编码

根据探索式案例分析研究方法的编码和思路，主要通过两个步骤来分析所获得的资料。第一步，按照数据来源对资料进行一级编码，一手资料编码为 FH（First-hand），二手资料编码为 SH（Second-hand）（表 4-2）；第二步，对照研究的核心问题，识别出供应链上信息技术体系及可持续供应链实践的一级条目，然后参考现有研究领域中主要构念的内涵范围和企业的实际情况，形成精益供应链实践、敏捷供应链实践、弹性供应链实践、绿色供应链实践、信息技术基础设施、数字化整合等二级条目库和对应的主要关键词（表 4-3）。数据编码主要通过专业软件工具实现。

表 4-2　编码来源和数据分类

数据来源	数据分类	编码	
		FR 公司	HW 公司
一手数据（FH）	通过深度访谈获得的资料	FHA1	FHB1
	通过实地调研获得的资料	FHA2	FHB2
	在线沟通获得的资料（电邮等）	FHA3	FHB3
二手资料（SH）	通过企业自有网站获得的资料	SHa1	SHb1
	通过权威媒体获得的资料	SHa2	SHb2
	从企业内部获得的公文和档案资料	SHa3	SHb3

表 4-3　研究主要概念编码及条目库

分析维度	具体条目与分析关键词		
	一级条目	二级条目	二级条目对应主要关键词
可持续供应链实践（C）	精益供应链实践（C1）	（1）即时生产 （2）拉式订单生产 （3）人资资源管理 （4）全面质量管理 （5）全面生产维护 （6）消除浪费 （7）标准化生产	C111 端到端；C112 即时性；C113 任务指令；C121 拉式订单；C122 需求；C131 人力资源；C141 质量；C142 ISO 认证；C143 管理体系；C151 生产；C152 监管；C153 现场；C161 减少浪费；C162 利用率；C163 原料消耗；C171 标准化；C172 流水线；C173 作业
	敏捷供应链实践（C2）	（1）快速反应 （2）灵活反应	C211 迅速；C212 敏捷；C213 及时；C214 效率；C215 新产品；C216 需求变化；C221 定制化；C222 柔性；C223 灵活生产；C224 灵活供应；C225 组织结构调整
	弹性供应链实践（C3）	（1）主动实践 （2）被动实践	C311 多供应商；C312 安全库存；C313 需求预测；C314 备份能力；C321 风险通知；C322 风险恢复；C323 意外事件
	绿色供应链实践（C4）	（1）供应商 （2）企业内部 （3）客户	C411 绿色生产；C412 环保策略；C413 库存；C414 回收；C415 废弃物；C416 有害排放；C417 重金属；C418 绿色采购；C419 绿色运输；C420 ISO 认证；C421 环境合作；C422 可持续政策

续表

分析维度	具体条目与分析关键词		
	一级条目	二级条目	二级条目对应主要关键词
供应链信息技术体系（D）	信息技术基础设施（D1）	（1）系统 （2）平台 （3）技术	D111 大数据分析系统；D112ERP 系统；D113MRP 系统；D114 订单管理系统；D115 仓储管理系统；D121 供应商平台；D122 采购平台；D123 云平台；D131 射频识别技术；D132 电子采购技术；D133 自动化物料处理技术；D134 电子数据交换技术；D135AI 技术
	数字化整合（D2）	（1）与上游整合 （2）内部整合 （3）与下游整合	D211 交易联结；D212 订单一体化；D213 资金；D214 库存可视；D215 跟踪；D216 软件；D217 整合；D218 集成
企业支持资源（F）		（1）管理方面 （2）财务方面	F11 董事会；F12 小组；F13 高层支持；F14 经理支持；F15 审批；F21 资金；F22 绿色投资；F23 环保投资；F24 污水处理；F25 废弃物处理

四、信度和效度分析

构建效度、内在效度、外在效度和信度等是案例数据质量检验的主要依据，本书也从这四个方面保证数据的信度和效度。

首先，在构建效度方面：①研究数据类别不仅有一手数据，如深度访谈、实地调研和在线调研，还有二手资料，如企业官方网站、权威媒体等数据资料；②从原始资料、主要构念、初步理论构建、理论与数据资料之间进一步检验与修正形成理论命题，案例数据也提供了证据链；③将经过案例分析后获得的理论命题与企业（主要是 FR 公司）的中高层进行再次核验。

其次，在内在效度方面：①本书得出的初始理论框架在逻辑上与通过文献述评获得的理论模型保持契合，说明案例数据基本匹配；②能够对比解释理论问题，并对一些对立观点进行阐述，说明案例数据具有很好的解释性。

再次，在外在效度方面：①案例研究进行的初步理论框架预设与所得结论能够与文献研究进行深度对话，因此具有较强的理论解释性和指导意义；②案例来自不同规模、不同行业的企业，企业间也有对比分析以增强结论的普适性。

最后，在信度方面，本书建立了详细的案例研究计划，不仅有详细的深度访谈提纲，还有完整的二手数据收集规划，并提供了多样化的证据类型，建立了资源库，通过研究人员和企业界人士的详细校对和分析，保证了数据的可靠性。

五、变量衡量

原则上，案例研究的主要构念应该从数据中聚焦和涌现，并通过数据编码形成条目，将条目视为主要构念的初步来源。然而，从知识积累的视角上看，最好结合现有文献和研究领域中的已有成果，以确保主要构念的一致性和传承性。为了解决这一问题，本书通过构建初步理论框架，在理论框架中尽量采用现有理论研究中已出现的构念或变量，并与案例中通过数据编码形成的条目进行印证，以选取最合适的构念名称。

第三节　探索性案例分析

一、HW 公司案例分析

（一）案例企业介绍

HW 公司创立于 1987 年，是全球领先的信息技术基础设施和智能终端供应商。2018 年公司有 18.8 万名员工，业务遍及全球 170 多个国家和地区。HW 公司的愿景和使命是把数字世界带入每个人、每个家庭、每个组织，构建万物互联的智能世界。承接公司的愿景和使命，企业制定了可持续发展战略，并将其作为一项优先的准则，全面融入企业的整体发展战略中。从经济责任、环境责任和社会责任"三重底线"出发，结合联合国可持续发展目标，梳理出 HW 作为一家全球领先的信息技术基础设施和智能终端供应商应该聚焦的四个主要领域：数字包容、安全可信、绿色环保、和谐生态。

HW 公司自 2008 年开始，每年都会发布可持续发展报告，而且自 2017 年开始，为了更好地推进联合国可持续发展目标，HW 公司将信息技术基础设施视为可持续发展目标的关键使能因素，相信信息技术能发挥关键使能作用，每年都会发布《ICT 可持续发展目标标杆报告》。除此之外，HW 公司的治理文件及其在行业研究、行业展望和创新等方面建树颇丰，"TECH4ALL""全球联接指数""数字溢出"等相关研究也拓展了研究者和实践者的视角。

（二）案例内分析

1.精益供应链实践

自 2012 年开始，在每年的可持续发展报告中，HW 公司始终坚持"质量优先、以质取胜"原则，持续深化精益生产，构建起业界领先的精益防线，并贯穿供应链全流程，确保制造过程透明可视且实时预警。具体体现在以下方面。

（1）准时生产和拉式订单方面：在每个领域都针对特定领域的核心需求进行研发，如交通领域聚焦"安全、服务、效率"三大核心需求，公司于 2018 年发布智慧机场 2.0 解决方案，构建全面的生产需求管理体系；在构建自身专业化发展路线之外，严格采用"拉式订单（跟单）"方式管理生产，并对库存进行严格管理；构建的端到端业务连续性管理体系，强调物流的即时性，确保日常业务的有效管理；同时将自动化、物联网、数字化技术应用于原材料收、存、配、发的全过程管理，按任务指令、订单精准拣选，"货到人、料到手"，直送生产线，系统化实现质量追溯和作业防呆。

（2）全面质量管理方面：基于"让 HW 成为信息技术行业高质量的代名词"的质量目标，HW 明确"大质量"就是基于 ISO 9000 的全面质量管理，对准客户需求，以战略为牵引，在公司范围内推行并持续落实大质量体系要求，不断强化以客户为中心、基于价值创造流的管理体系建设，实施全员、全过程、全价值链的质量管理，如已通过包括 ISO 9001：2015 和 TL 9000 R6.0（质量管理）体系认证，并成功地通过了全球排名前 50 家运营商中的 31 家及重点企业 / 行业客户的全面认证和例行评估、审核。HW 持续深化质量优先战略，逐步提升可持续发展在供应商认证、绩效评估和采购决策等环节的权重。

（3）人力资源管理方面：在人力资源管理政策、制定和实施本地管理制度时，严格遵循当地的法律法规、行业规范的要求，并注意尊重本地的习俗和惯例。

（4）全面生产维护方面：使组织成为"围绕生产、促进生产、维护生产"的最佳服务机构。集团职能平台是聚焦业务的支撑、服务和监管的平台，向一线部门提供及时准确有效的服务，在充分向一线部门方授权的同时，加强监管，并且全面落实安全生产管理，并将安全技术从生产现场延伸到研发、采购前端及生命周期管理全过程。

（5）减少浪费方面：在产品的设计过程中减少浪费，最大化提高资源利用率和价值恢复率。充分考虑用户的需求，通过低成本维修方案、软件升级等方式，延长产品的生命周期，保障对老款产品的支持及维护，提升 HW 产品的使用率，从而降低原材料消耗，如 PoleStar 是一种轻量级基站，能够和现有的城市灯杆、电力杆、广告牌等结合在一起，减少额外产品开发和布局。

（6）标准化生产与柔性生产方面：一方面，通过标准化生产制造更多信息技术基础设备，如面向全球领先运营商签订了 30 多个 5G 商用合同，40000 多个 5G 基站已发往世界各地；另一方面，针对不同的客户领域，探索定制化生产和服务，在 HW 公司近年来的可持续发展报告中"数字包容"部分明确指出，HW 主要"为个人用户、企业和政府提供定制化信息技术应用和解决方案"，如 HW

云服务，大部分云服务是定制化的、基于具体项目进行定价和开发的。

2. 敏捷供应链实践

HW 公司联合生态伙伴，提供领先创新的数字平台解决方案，以及构建数字平台的技术和产品，实现业务协同和敏捷生产，具体包括以下方面。

（1）柔性和定制化生产。数字化和智能化使生产更加柔性，可以针对各种情况制定具体的生产方案，以应对未来更为复杂、更加丰富和变化的产业和产品需求。HW 公司一直以来都为客户提供定制化的应用解决方案，通过易用的应用平台，以及繁荣的产业生态，满足客户个性化、场景化的需求，惠及更多的细分行业与特定人群。与此同时，运营商业务集团和企业业务集团是公司分别面向运营商客户和企业 / 行业客户的解决方案营销、销售和服务的管理和支撑组织，针对不同客户的业务特点和经营规律提供创新、差异化、领先的解决方案。

（2）灵活供应关系和供应商评估。HW 公司积极与更多供应商共同构建更具包容、更灵活和反应更加积极的关系，在选择供应商时，主要依据其在市场出现变化时的表现，如采取针对性的纠正和预防措施，对标"三化一稳定"持续评估和改善。这些问题将被纳入供应商改善行动要求系统（SCAR），持续跟进闭环。

（3）灵活组织结构。组织结构自成立之日即通过频繁调整和变化以适应不同市场环境的要求，公司坚持以客户为中心、以奋斗者为本，持续改善和调整公司治理架构、组织、流程和考核，使公司长期保持有效增长，"所有组织建设要对准目标，多产粮食、增加土地肥力，必须去除一些不必要的组织结构及流程，过于完美的结构与流程，可能不利于攻克高地"。

（4）迅速应对市场需求变化、产品变化和产量变化。HW 公司不断改进内部管理，沿着既定战略方向前进。能够迅速调整产品，以满足客户的需求，确保市场需求的快速传递和供应能力的快速反应；以"多打粮食，增加土地肥力"为变革目标，与客户做生意要简单、高效、安全；对准内部效率、效益提升，应对不同的产量变化。

（5）新产品开发和引进。HW 聚焦全联接网络、智能计算、创新终端三大领域，在产品、技术、基础研究、工程能力等方面持续投入，坚持多路径、多梯次、多场景化，确保解决方案的竞争力持续领先，如基于自研芯片和自有天线技术，5G 系列化产品规格及性能最优，率先完成 IMT-2020（5G）等各项测试。

3. 弹性供应链实践

主要体现在以下方面。

（1）多元化供应策略。实行多元化的供应策略，通过多技术方案、多供应商选择、多生产基地、多运输路线等手段来保障整个供应链的连续性，尤其在新产品设计阶段，HW 公司从原材料级、单板级、产品级支持多供应方案，避免独家供应或单一地区供应风险，保障产品的可供应性。与多家电子制造服务商建立战略伙伴关系，HW 公司和电子制造服务商之间可相互备份单板制造供应能力。在全球建立了深圳供应中心、欧洲供应中心、拉美供应中心、迪拜供应中心，4 个供应中心之间均可相互备份整机制造供应能力。

（2）冗余库存。HW 一直践行分场景储备，在量产阶段，为应对需求波动和供应行情变化，建立从原材料、半成品到成品的合理安全库存，并进行全生命周期备件储备，在产品停产前，按照市场需求与历史用量滚动进行备件储备。在产品停产后，按全生命周期预测一次性做足备件储备，确保客户现网设备运行的连续性。

（3）需求预测。HW 公司与供应商和客户深度协同，通过信息技术系统实现需求预测、采购订单的可视，确保需求和供应的快速传递。

（4）运输备份。与全球多家主流物流供应商合作，通过设计多样化的运输路线，建立了覆盖全球交付业务的物流运输网络，确保在突发事件下可启用备份运输路线，保障物流运输业务的连续性。

（5）风险控制和恢复。HW 在战略规划和业务计划的制订流程中嵌入风险管理要素，通过战略规划，在各领域与区域系统识别、评估各自风险。在年度业务计划中各领域与区域制定风险应对方案，并以管理重点工作的方式实现日常运营中的风险监控和报告。在战略决策与规划中明确重大风险要素、在业务计划与执行中控制风险，为 HW 的持续经营提供了有效保障。HW 公司基于美国证券交易委员会推荐使用的内部控制框架（即 COSO 模型），从目的、承诺、能力、监督与学习等方面满足 20 项控制基准要求，参考《ISO 31000 风险管理标准》，结合自身组织架构和运作模式设计建立了企业风险管理体系，发布了企业风险管理政策及管理流程，持续完善企业风险管理组织和运作机制，推进风险管理测评，"各业务主管是所负责业务领域风险管理的第一责任人，主动识别和管理风险，将风险控制在可接受范围内"。近十几年来在全球许多重大自然灾害、政治、经济、贸易、冲突、战争等风险事件发生后，HW 持续保障供应连续性和客户产品、服务的及时交付，HW 公司已在采购、制造、物流及全球技术服务等领域建立了从供应商到 HW、从 HW 到客户的端到端业务连续性管理体系，并通过建立管理组织、流程和信息平台，制订业务连续性计划应对突发事件。

4. 绿色供应链实践

主要表现在以下方面。

（1）内部绿色流程保障。HW 公司通过对电子电气产品设计阶段、生产阶段、使用阶段、废弃回收等各阶段中的各项环保因素（如生态设计、资源消耗、材料使用、污染物排放、包装、再生利用等）进行系统分类评估，最终根据评估结果确定产品的绿色环保等级。

（2）库存/原材料回收。HW 公司一直都关注产品在整个供应环节中对环境的影响，积极开展废弃物回收，以旧换新等活动，提高产品的退货物料再利用率，降低废弃物的填埋率，减少对环境的负面影响，与整个产业链一起，共同呵护绿色美好的世界，主动履行生产者责任延伸义务，建设全球终端产品回收体系，给消费者提供完善的废旧电子产品回收渠道，减少废弃电子产品对环境带来的污染及影响。HW 公司已建成 1300 多家回收中心，覆盖全球 8 个国家和地区，还积极拓展以旧换新业务，降低消费者购买新产品的成本，同时提升旧产品利用率。

（3）出售废物碎片和材料。HW 公司建立了覆盖全球的逆向业务管理网络，将所有退货、存储、报废、出售纳入管理，提升物料再利用能力和废弃物处置能力。

（4）减少有害物排放。HW 积极引入清洁和可再生能源，建设低碳环保的绿色园区，约束有害物在供应商生产、原材料、产品运输、产品使用、产品外包、员工通勤及差旅等过程的排放，并参考业界优秀实践，使供应商主动进行能源管理，对能源使用和能源消耗有重要影响的通用设施，如制冷设施、变配电、实验室、照明等，制定了运行规程和控制参数，识别影响能效的其他变量，如环境温度变化、人员能力等，通过能源管理系统和参数分析设置，减少有害物排放。

（5）制定采购规范。HW 将可持续发展理念作为采购质量优先战略的重要组成部分，提升可持续发展在供应商认证、绩效评估和采购决策等环节的权重，制定了供应商可持续发展协议，每年都对所有新供应商进行可持续发展体系认证，评估供应商遵守法律法规和可持续发展协议的能力和水平，可持续发展体系认证不通过的供应商无法成为合格供应商，例如 2018 年，HW 对所有 93 家拟引入供应商进行可持续发展审核，其中 16 家因为审核不合格而被拒绝。

（6）基于环境目标的客户合作。HW 公司推行绿色供应链管理，发挥供应链上核心企业的主体作用，引领带动支持供应链上下游企业持续提高资源和能源利用效率，改善环境绩效，实现绿色发展，与客户在供应商管理方面紧密合作，邀请客户现场考察、与客户联合开展供应商可持续性审核、员工调研和供应商能力提升项目，与客户共享审核结果，从产品规划、设计、研发、制造、交付及运维，追求绿色、环保的理念，向客户提供领先的节能环保产品和解决方案。

（7）供应商环境合作。HW 将公众环境研究中心（Institute of Public and Environmental Affairs，IPE）环保检索纳入供应商审核清单和自检表，要求存在问题的供应商限期整改，鼓励供应商自我管理，如公司于 2018 年定期检索了 900 家主要供应商环境表现，发现有 52 条环保违规记录。在外部评估上，HW 2018 年在 IPE 绿色供应链 CITI 指数 IT 行业排名第七。根据统计，2018 年共 20 家供应商参与节能减排计划，全年累计二氧化碳减排 51094 吨。

（8）ISO 体系认证：HW 依据 ISO 14001 和 OHSAS 18001 国际标准，结合客户要求及适用的法律法规，从领导力、策划、组织与能力支撑、流程运营、绩效评估和持续改进等方面，全面建立环境健康安全管理体系。

HW 公司的信息技术基础设施、数字化整合具体情况如表 4-4 所示。

表 4-4　信息技术基础设施、数字化整合典型证据援引（HW 公司）

一级条目	二级条目	典型证据援引（部分）	对应编码
信息技术基础设施	系统	客户关系管理、物料计划管理等系统	D1&SHb1&SHb2
	平台	HW 公司的供应商平台、开发者平台、云平台、合作伙伴管理平台等都非常成熟，还有新型平台，如 CloudIVS 3000 视频云平台等	
	技术	物联网、射频识别技术、自动化采购、物料处理、数据交换等	
数字化整合	（1）供应商（2）企业内部（3）客户	HW 公司不仅投资信息技术基础设施，更将各种信息技术深度融入生产、运营和销售流程中。运用先进的数字技术和数字化工具简化流程，提升业务效率，保障业务安全并降低成本。HW 公司构建及时、可靠的采购协同系统，提升产业链信息多维度、多渠道、多形式深度协同能力，使合作伙伴（如客户、供应商等）通过深度协同快速高效地融入 HW 公司业务中。HW 公司通过信息技术和平台建立虚拟管理组织和虚拟流程，制订业务连续性计划和突发事件应急预案和及时采取应对突发事件的行动，确保对日常业务风险的有效管理	D2&SHb1

二、FR 公司案例分析

（一）案例企业介绍

FR 公司成立于 1996 年，为了企业的不断发展和壮大，公司于 2008 年由深圳迁往东莞市凤岗镇油甘埔村南岸工业区，占地面积 7000 平方米，建筑面积

24000 平方米，投资总额约 2661.5 万元，注册资本 300 万元，从业人员 500 余人。

历经多年发展，FR 公司是中国较大的计算机周边产品专业生产厂商，也是集研发、生产、销售于一体的高新技术企业，致力于鼠标、键盘、耳机、HUB、手柄、音箱等计算机周边产品的研发、生产及销售，拥有顶尖的产品外观、结构、模型、电子、软件等研发团队，旗下自主品牌包括 Redragon、ET、E 元素、Gofreetek 吉丰，专注于游戏外设产品和数码电子产品的研发与推广，公司一直致力于立足中国、放眼全球的产品布局，自主品牌与 OEM（代工生产）相结合的商业模式，为全球 80 多个国家和地区的客户提供整体解决方案，销售网络遍及欧美、澳大利亚、日本、东南亚等经济发达国家和地区，拥有表面焊接技术、插件、补焊、鼠标组装、键盘组装自动化生产线 15 余条，是一个同时具有综合性和多元化的优秀民营企业。公司于 2016 年被评为"高新技术企业"，先后被认定为"2016 年度广东省守合同重信用企业""东莞电子行业协会会员单位""凤岗镇企业规模与效益倍增计划重点企业""2008 年凤岗安全生产工作先进企业""2013 年度凤岗镇油甘埔村突出贡献企业"等，且通过了"ISO 9001 国家质量管理体系"和"ISO 14001 环境体系"等认证。

FR 公司恪守"以人为本"的人性化管理，以"和谐双赢，诚信、发展、共赢"为经营理念，同时，实施以"设计创新和技术创新"为双引擎的创新驱动战略，推动 FR 公司从中国制造走向中国创造，实现企业跨越式发展，产品畅销海内外，中高端产品在海外市场销售稳居国产品牌前列。

（二）案例内分析

1. 精益供应链实践

FR 公司在行业内处于中上游水平，一直与几大计算机品牌（如戴尔、联想、罗技和微软）有密切合作，公司有贴牌生产和贴牌设计生产，同时也有自主品牌，如针对海外市场的 REDRAGON 及针对国内的 E 元素等，但是大多数订单依赖于诸多大品牌的代工，而大品牌对交期和质量的要求相对较高。

（1）准时生产方面：FR 公司相关负责人认为，确保高质量并按照需求及时生产和交货给客户是非常重要的，在质量控制方面有专门的操作手册，并有客户派来的质量监督人员监督生产，相应地，FR 公司对供应商能否准时、保质保量提供原材料也非常重视。在订单方面，客户往往会提前 3 个月下订单，在客户下订单后，FR 公司一方面会召开会议，安排生产排期，自有工厂可以生产部分原材料；另一方面，FR 公司会及时与供应商沟通原材料供应问题，并妥善处理超出生产能力之外的供应商外包事宜。

（2）全面质量管理和全面生产管理方面：在生产过程中，FR 公司有严格的生产维护标准和质量控制标准，遵循看板管理的流程，每日总结进度反思问题。由于企业以贴牌生产和贴牌设计为主，额外 10% 的产量备份是必需的，主要为了保证售后服务。

（3）减少浪费方面：这些产量备份如果超过一定的交货时间（通常为一年），一般都会被拆解为原材料交给自主品牌进行生产（如 Cherry 的机械轴都是通用的，鼠标的光电模块也是通用的），这也是企业为什么发展自主品牌的重要原因之一。

（4）标准化生产与柔性生产：在问到 FR 公司是采用标准化生产更多还是柔性生产更多时，其明确表示，公司八成以上的生产都是标准化生产，一方面，主要客户比较固定，产品型号较为固定，因此产线也较为固定；另一方面，由于企业规模并不算大，不可能将原材料备货太多，产线变动和原材料变动需要的提前准备期较长（最快也不能少于一个月）。总的来说，在深度访谈中，采购总监和销售经理对于精益实践的看法较为一致，坚持从订单出发，确保原材料交期，加快交货并保质保量完成客户订单是公司必须具备的素质。这也解释了为什么有很多大品牌都与 FR 公司持续保持合作，最长甚至有十余年的合作历史。

2. 敏捷供应链实践

具体表现如下。

（1）标准化生产和定制化生产：在谈到 FR 公司是否具有定制化生产能力时，相关负责人均表示，公司具有这种能力，但前提是客户必须提前 3~6 个月提出需求，因为任何产品需求的改动都要经过图纸、模具（模具生产就需要 2 个月左右）、试产和量产阶段，而成熟的需求一般只需要试产和量产即可；在客户方面，虽然总客户数超过百家，但主要客户有限，在较大的 20 余家主要客户中，大多拥有成熟的产品体系，也不会轻易改动需求，因此大多属于标准化生产。

（2）灵活供应关系和供应商评估：在供应商方面，计算机相关设备的关键原材料供应商并没有特别多的选择，当然也有一些替代性较强的供应商，如喷油、模具、包装等，企业一般从价格、交期、质量等方面考察并灵活选择。

（3）灵活组织结构：在组织结构方面，近年来市场恶性竞争严重，FR 公司也避免不了调整部门，例如精简测试部门、行政部门和整合生产线，公司规模由巅峰时的 1200 人（2015 年左右）减少到近几年的 500 人，不过从时间维度来看，一般半年调整一次，并不是特别频繁。

（4）迅速应对市场需求变化、产品变化和产量变化：在谈到公司是否能够及时应对市场变化、产品需求变化时，FR 公司表示比较困难，原因是，大多数订单都受制于主要客户，客户不变，企业就不会变，而且一般而言，类似 FR 公司这样的中大型企业（同行业相比）还会故意延迟这一变化，要检验市场反应情况，当前发达的电商体系可以很快检验产品是否符合市场需求。当然，这种延迟也可能让企业错过前期的快速出量；如果仅仅是产量变化，FR 公司表示有信心应对，无非是增加产线，只要不是年底，临时招聘产线人员比较容易。

（5）新产品开发和引进：面对新产品的开发时，FR 公司表示，因为公司有自主品牌，一方面，这些自主品牌可以作为新产品的试验场；另一方面，开发新产品可以为大客户和中小客户（很多中小客户并没有自主设计能力，大多都是ODM 或直接贴牌）带来更多的选择，总的来说，FR 公司可以保持每半年都有两款新品面世。

3. 弹性供应链实践

主要表现在以下方面。

（1）多供应策略方面：尽管 FR 公司拥有 40 余家供应商，但是大属于备份多供应商，因为 FR 公司本身就拥有部分原材料生产的能力，而且，计算机相关设备的原材料供应商并没有特别多的选择，如机械键盘的机械轴，Cherry 的轴体都需要排队，国产机械轴（如凯华轴和佳达隆轴等）在市场上竞争激烈，且利润空间太小，大多数时候都受制于核心供应商，当然也有一些替代性较强的供应商，企业会主动与这些供应商保持合作关系，并择机选择。

（2）需求预测方面：较大的客户一般都会与 FR 公司主动就生产、需求方面进行沟通，但在销售预测方面则不会主动沟通，FR 公司也会通过订货周期判断这些需求和生产情况，如果超出规划（如原材料数量不足，生产进度提前），FR 公司会主动与供应商沟通，甚至会主动以自己的销售预测来争取供应商更好的政策，如延长货款周期及更低的采购价格（一般而言，FR 公司都会以超过客户的需求预测和30% 的销售信息需求来和供应商洽谈）。

（3）冗余库存方面：如前文所言，一般 FR 公司会预留当批总产量的 10% 作为冗余库存（一般而言，FR 公司最小产线批次量为 5000 片 / 批），以供客户质量三包和临时需求增加，如果需求较为稳定的客户，可能预留更多，如 30%，以确保生产平稳。

（4）运输方面：园区有几家大的物流公司。

（5）对风险和意外事件的控制和恢复方面：FR 公司一般能够提前感知市场风险和财务风险，而需求风险方面，由于主要合作伙伴属于较大企业，需求都较为平稳，影响并不大，生产风险也不算大，企业拥有近 20 年的生产经验，各种意外事件都遇到过（如深圳突然严查环保而导致供应商停产，FR 公司可以很快地从江西等地寻找替代供应商），能够很快地从意外中恢复，并且付出的代价仅为时间和少量的成本增加（如运输成本），完全可以承受。

4.绿色供应链实践

FR 公司对绿色供应链实践的感受更深，一方面，广东省环保政策一直以来都较为严格，如 2018 年年中，广东省最大规模的环保污染检查开展后，位于深圳市宝安区及东莞等地的诸多制造企业停工 1~3 个月不等，FR 公司也因为注塑、喷油等方面被严查并罚款，而且同年 5 月，FR 公司的扩建项目也受到更严格的环保检查和验收；另一方面，一些较大客户需要编制可持续发展报告，这就要求类似 FR 公司这样的供应商在环保方面采取一定的举措。具体如下。

（1）内部绿色流程保障：FR 公司内部有自己的一套原材料和零部件循环利用流程，大多应用到自主品牌中；在减少材料消耗方面也采取了一定的措施，如更改运输包装设计等；在能源方面，由于政府实施阶梯工业用电和用水政策，公司会严格审查。

（2）减少有害物排放：在有害物产出方面，FR 公司主要是喷涂产生的废液、含有重金属废水的液态排放物和金属边角料、塑料边角料、纸材边角料的固态废弃物，公司于 2018 年按照环保整改要求修建了厂区污水处理池，在排放前加强油墨、电焊的使用管制，并且定期出售固态金属废弃物，同时找来专业废弃物回收厂进行塑料和纸材回收。

（3）库存/原材料回收：在超额成品和原材料库存方面，FR 公司有严格的规章制度，一般超过客户的产品保质期一年即将产品回收利用，用于再生产。总的来说，由于政府和第三方环境保护组织的环保要求非常严格，而且惩罚力度较大，FR 公司在环保方面投入了大量的人力、财力，并且成立了以董事长为首的环保管理小组。

（4）基于环境目标的客户合作：在满足客户环保要求方面，产品设计、包装和生产一般都能满足主要客户的可持续生产要求，如在大件货物的运输方面，加大环保耗材的使用，增加外包装的尺寸，优化集装箱装载极限，减少纸材的损耗，还有在键盘、鼠标等直接接触人体皮肤的产品生产中，严格控制重金属的使用。

（5）供应商环保合作：在供应商方面，FR 公司大多根据主要客户的环保要求规范来选择符合要求（如通过环境评估体系）的供应商，或者要求供应商整改。环保要求是大势所趋，也对社会和环境有利。然而在践行环保实践时，企业很多时候都面临资金压力。

FR 公司的信息技术基础设施、数字化整合具体情况如表 4-5 所示。

表 4-5　信息技术基础设施、数字化整合典型证据援引（FR 公司）

一级条目	二级条目	典型证据援引（部分）	对应编码
信息技术基础设施	系统	仓储管理系统、基于泛微 OA 开发的内部系统、Saleforce 的 CRM 系统和金蝶 ERP 系统等	D1&FHA1&FHA2
	平台	无大型平台，用 QQ、微信、SKYPE 等作为沟通平台	
	技术	物料处理等技术	
数字化整合	（1）供应商 （2）企业内部 （3）客户	FR 公司三位负责人认为，运用信息技术和信息系统创造的紧密协作最为重要。公司最早引入 ERP 的时候，大多数流程依然还通过报表和签批单进行，仓储管理系统也一样，很多都通过库存记录本记录，没有人会使用，而且最初投入使用的时候，很多人持消极态度。现在慢慢发现，这些电子化技术和信息化系统如果和流程整合得好，不仅让流程更加清晰、快捷，还能够节省很多后续工作，且精准性比以往大大提升	D2&FHA1&FHA2

三、案例比较与理论命题提出

（一）案例比较

多案例研究通常先对单个案例进行深入研究，再进行跨案例对比分析，进一步思考案例背后的深层原因，以及预设理论构念之间的逻辑关系。将 HW 公司和 FR 公司的案例数据进行归纳整理，两个案例的对比与分析结果如表 4-6 所示。

表 4-6　HW 公司和 FR 公司案例对比与分析结果汇总

主要构念	HW 公司	FR 公司	主要差异
精益供应链实践	（1）HW 公司持续深化精益生产，构建起业界领先的精益防线，并贯穿业务供应链全流程；（2）JIT 生产；依订单生产；全面质量管理；全面生产维护；人力资源管理；减少浪费	（1）确保高质量并按照需求及时地生产和交货给客户；（2）具体实践包括：JIT 生产；依订单生产；严格生产标准操作；减少内外部质量管理浪费；标准化生产	基本一致，但 FR 公司对 HRM 的管理存在缺陷
敏捷供应链实践	（1）HW 公司联合生态伙伴，提供领先的创新的数字化平台，实现业务协同和敏捷生产；（2）具体实践包括：柔性生产和定制化生产；灵活的供应关系和供应商评估；灵活的组织结构；迅速应对市场，产品和需求变化，迅速开发新产品	（1）公司并不算敏捷公司，因为公司主要为几大客户服务，产品面向海外，而海外产品线更新较慢；（2）具体实践包括：年度组织结构调整；不太灵活的供应关系和供应商评估；对产量变化的迅速应对；较快速的新产品开发	（1）FR 公司更倾向于标准化生产；（2）FR 公司无法替换核心供应商；（3）FR 公司对市场变化和产品需求变化不敏感
弹性供应链实践	具体实践包括：多供应体系；冗余库存；专业的需求预测；运输能力备份；优秀的风险控制和恢复性管理计划；BCM 业务连续性管理计划	核心供应商数量有限；可替代性供应商数量较多且随时可以替换；需求预测和传递；感知风险和风险可控；10%~30% 的冗余库存，较低余库存；较低损失迅速恢复	基本一致
绿色供应链实践	（1）重点围绕数字包容、安全可信、绿色环保、和谐生态四大战略，承担社会责任；（2）具体实践包括：内部绿色流程保障；冗余库存和原材料回收体系；废弃物再利用；有害排放规范；上下游合作；ISO 环境认证体系	积极的绿色实践：废弃物管理（建立废水处理工程）；库存的再利用；原材料的循环利用；环保包装；环保材料采购；内部生产过程的环保管理；节约能源（被动）；但同时，企业也存在一些消极的实践行为	HW 公司相对于 FR 公司更加规范，绿色实践的范围更广泛，且措施更多样，且由于是公开的可持续发展报告，并未发现 HW 公司在践行绿色策略时的"对抗策略"
信息技术基础设施	自建物联网、RFID、CRM、ERP、供应商管理平台，还有一些开发者平台、云平台、合作伙伴管理平台等	自建 OA 系统和仓储管理系统、金蝶财务和 ERP 软件、Salesforce 的 CRM 管理软件、钉钉、Skype、QQ、微信和电子邮件等	HW 公司的 ICT 技术、系统和平台更加成熟和专业，且全部自建，规避非内部 ICT 使用
供应链数字化整合	"ICT 是基础，能力是保障，形成"黑土地"，运用数字化技术"构建集成主动型供应链"	ICT 通过投资就可以获得，企业要掌握运用的技能，将 ICT 很好地应用到业务实践中	基本一致

通过对比和总结，可发现 HW 公司和 FR 公司对践行可持续供应链实践策略有基本一致的理解，然而由于企业规模（直接影响企业在供应链中的位置和权力）在某些方面依然存在一定的差异性。两家案例企业都投资了大量的信息技术基础设施，区别可能在于"自建还是购买""主动还是被动"，但无论采用哪种方式，两家企业都认可需要将信息技术转化为能力，即供应链数字化整合时，才能对可持续供应链实践有更好、更有效的影响。

（二）理论命题提出

1.信息技术基础设施、数字化整合与精益－敏捷－弹性（L-A-R）供应链实践

HW 公司成立了 ICT 基础设施业务管理委员会，作为公司 ICT 基础设施业务战略、经营管理的责任机构，负责区域各项资源的有效利用和高层次能力的建设，并负责公司 ICT 业务战略在所辖区域的落地。具体来讲，如公司持续优化区域组织，加大、加快向一线组织授权，指挥权、现场决策权逐渐前移至代表处，在现有的 ICT 条件中，加强权力流转，以进一步提高效率、更快响应客户需求；构建及时、可靠的采购协同系统，提升产业链信息多维度、多渠道、多形式深度协同能力，使合作伙伴（如客户、供应商等）通过深度协同，快速高效地融入 HW 公司业务中；运用先进的数字技术和数字化工具简化流程，提升业务效率、保障业务安全并降低成本；通过信息技术和平台建立虚拟管理组织和虚拟流程（如 HW 的数字化合规平台），制订业务连续性计划和突发事件应急预案，及时采取应对突发事件的行动，确保对日常业务风险的有效管理。

正规流程中的信息技术和系统是企业数字化整合的必要条件，企业应先投资购买或开发信息技术，只有将这些信息技术和系统应用到生产、采购、物流、仓储、财务、客户管理、供应商管理等流程中，才能有比以往更加优秀的交易、沟通和协作。比如企业想要精益生产和敏捷生产，必须及时传递准确的信息，在交易、订单传输、资金管理、库存管理等方面做到最好。面对意外事件时，更加需要及时沟通，并将情况反馈给企业内外所有的合作部门，做好应急预案。

2.信息技术基础设施、数字化整合与绿色供应链实践

鉴于 HW 公司独特的产品体系，在践行绿色供应链管理时，他们对于信息技术的应用给出了不一样的逻辑。很多学者和实践者认为，高速发展的信息化技术牵引着信息技术基础设施不断变得更智能，但支撑信息技术基础设施及其联接终端的运行也带来了巨大的能源和资源消耗，于是延伸出了诸多绿色信息技术。然而 HW 公司认为，信息技术的进步，也给环境的可持续发展创造出新的可能性，总的来说，机遇大于威胁。企业及其合作伙伴应将信息技术基础设施和智能终端

应用到业务流程，提供整合和一体化后的"黑土地"，只有这样才能更好地影响绿色供应链实践，如 HW 公司的"数字包容"战略指出，数字化正在重塑世界，在促进数字包容的进程上，仅拥有网络和基础设施是远远不够的，要确保全面的数字包容，信息技术基础设施只是基础，高水平的数字化整合才是保障。

　　具体而言，HW 公司在践行绿色供应链管理时，在推动供应商和客户数字化转型及提升信息技术应用水平基础上，还从联合创新、营销、人才培养、财务等方面给予合作伙伴大力支持，因为 HW 认为，高水平的数字化可以"提高生产力和资源效率"。正如 HW 公司的绿色供应链实践一样，正是由于其数字化整合水平较高，中高层对绿色供应链管理的承诺（如公司董事长认为 HW 从产品规划、设计、研发、制造、交付及运维，应追求绿色、环保的理念，向客户提供领先的节能环保产品和解决方案；企业可持续发展委员会主任认为公司应重点围绕绿色环保、和谐生态等战略，倡导绿色实践，实现可持续发展；2018 年，HW 基于公司最新的组织架构调整，专门拆分了近 10 个企业可持续发展管理委员会，以便从各级组织层面推动绿色供应链实践）、全面环境质量管理（HW 公司于 2018 年年底率先获得国际电工委员会颁发的 QC 080000:2017 版证书，该认证标志着质量管理体系在产品绿色环保、端到端无有害物质使用的专项治理方面更加系统、规范、透明、完整，为终端产业持续绿色环保的竞争优势建设和合规遵从管理夯实体系与执行基础）、内外部的环境审核（HW 公司通过中国环境标志产品认证，TÜV Green Mark 绿色产品认证；HW 终端公司通过国家绿色供应链认证，中国绿色设计产品认证等），以及企业对内部的绿色投资和对供应链合作伙伴的财务投资（内部增加投资采购环保材料、采购清洁能源管理等；外部增加环境总投资，将 IPE 环保检索纳入供应商审核清单和自检表，开展供应商和分包商环境健康安全体系能力培训项目，增加符合环保要求的采购额度等）才能取得更好的效果，并带动供应链上下游企业在绿色供应链管理战略指标、绿色供应商管理指标、绿色生产指标、绿色回收指标等方面表现突出。

　　以上内容本质上揭示了信息技术基础设施资源和其更高层次的整合水平——供应链数字化整合在 HW 公司推动可持续供应链管理中的不同角色及演进路线。尽管信息技术可以显著刺激精益供应链实践、敏捷供应链实践和弹性供应链实践（在 HW 公司的可持续报告中更多描述的是风险控制和管理），但是 HW 公司建议，信息技术基础设施资源应用到简化流程，与业务流程多维度、多渠道、多形式深度协同，转化为更高阶的应用水平和技能后，对以上实践的效果更佳。而在推动绿色供应链实践时，HW 公司对信息技术的效用机制提出了不一样的看法，即如果企业拥有较高数字化整合水平，企业投入在供应链上的管理和财务资源可能更有效率，HW 公司在可持续发展报告的绿色供应链管理部分明确指出，集成供应链变革（ISC+）的本质是提升相对完备的供应链数字化整合水平，构建"数字化主动型供应链"，即具有高水平数字化整合的供应链。

在 FR 公司践行绿色实践时，和 HW 公司一样，同样有与其他实践不同的理解。要想推进绿色实践，除了不可控的外部政策和压力，领导层的支持必不可少，没有领导层的支持，很多工作无法开展，比如管理者都会关注为什么在采购原材料时成本上涨（因为是环保型材料），更何况还有污水处理系统建立等；还有就是额外的投资，企业必须要投资自身，甚至为了应对客户要求，还要出资金协助供应商进行环保整改、培训等。不过与 FR 公司不同，HW 公司拥有较强的供应链话语权，显然处于更加中心的位置，对上下游的环保实践把控更有主动权，而 FR 公司一方面受制于供应商；另一方面受制于大客户。领导层的支持和额外的投资直接关系绿色实践能否成功，如果有充足的管理层倾斜和足够的财务支持，绿色实践就可以推进一大步，而这两种要素也都受到企业的控制，企业可以根据意愿和急迫性有所选择和倾向。

FR 公司还认为，信息技术本身并不能对绿色实践起着非常明显的作用，除非是一些自带节能的信息技术资源，比如公司考虑将部分系统换成云端，尤其是以往的仓储管理和 ERP 等系统，金蝶软件公司也推出了诸多云端服务，这样可以减少服务器应用，未来也不用每隔 3 年就替换服务器等，这样的新技术可以让企业更加环保，但是这种节能应用在 FR 这样的公司显得微不足道，因为云端服务也并不便宜。但如果公司可以很好地将信息技术应用到业务流程中，在内部和上下游企业之间构建良好的联结和协作，可以让公司投入的资金和管理更加有效地运用，比如管理的上行下效，同心协力，而公司付出了环保投资，自然希望绿色实践推进得更加顺利，取得更好的效益。

然而 FR 公司也指出，公司在有些时候也会有推诿和拖延行为。从某种程度上来说，FR 公司对于大供应商和客户的依赖也表现在数字化整合水平上，依赖越强，数字化整合水平越高，因为 FR 公司需要依照对方的业务流程完成交易。HW 公司提出了技术是基础，高水平的数字化整合和信息技术运用能力才是保障的论点，对 FR 公司的访谈则论证了二者的关系，即率先投资信息技术基础设施是企业推动数字化整合的必要前提条件，部分信息技术或系统可能会直接影响精益实践、敏捷实践和弹性实践，但是企业的数字化整合能力和环境会扮演更重要的角色。FR 公司认为，绿色实践和其他三种实践具有显著的差异，因为绿色实践需要企业投入额外的资源，而非简单的对现有资源、流程等方面的优化。因此，信息技术及数字化整合应用到企业绿色供应链实践时，HW 公司提出了"黑土地"

的环境假设，而 FR 公司则给出了一种"矛盾"的假设。这种相悖的作用机制是继"信息技术价值悖论"之后，现实中常见的现象，"资源依赖理论"曾给出解释，即基于"依赖 – 权力"的供应链关系管理中的矛盾效应。

鉴于案例分析可以得知，信息技术基础设施显著影响了供应链数字化整合，信息技术基础设施需要转化为供应链数字化整合或形成高水平的整合环境后才能发挥最大的效用。这意味着这种数字化整合能力越高，对精益供应链实践、敏捷供应链实践和弹性供应链实践的影响更大。因此，得出如下命题。

研究命题一：企业在供应链上投资信息技术基础设施显著影响了企业的供应链数字化整合水平。

研究命题二：供应链数字化整合在企业的供应链信息技术基础设施和精益供应链实践之间发挥了中介作用。

研究命题三：供应链数字化整合在企业的供应链信息技术基础设施和敏捷供应链实践之间发挥了中介作用。

研究命题四：供应链数字化整合在企业的供应链信息技术基础设施和弹性供应链实践之间发挥了中介作用。

在论述信息技术基础设施和数字化整合对绿色供应链实践的作用机制时，HW 公司和 FR 公司都给出了一致的观点。传统信息技术基础设施本身并不能直接推动绿色供应链实践（FR 公司认为，部分具有绿色属性的信息技术可能有直接影响，但是现实中的作用微乎其微），HW 公司认为，只有将信息技术应用到供应链全流程，构建数字化整合这种高水平的协作环境时，才能给绿色供应链实践提供肥沃的"黑土地"，而 FR 公司则认为，因为绿色供应链实践需要企业额外的人力、物力和财力投入，在数字化整合水平高的情况下，这些要素投入才能实现效益最大化。与此同时，FR 公司同样表示，面对与上下游企业较深的联结（都无法轻易更换彼此，如 FR 公司无法轻易更换供应商，FR 公司的主要客户无法轻易更换自己），即便非投入不可（主要受关键客户的要求），FR 公司仍然可能做出一些"不理智""不情愿"的"对抗或拖延行为"，结果就是"事倍功半"。因此可以得出一个以下有意思的对抗性命题。

研究命题五：当构建了供应链数字化整合这种更高水平的协作环境时，企业在推动绿色供应链实践时的要素投入会有更高的效率 / 更强的阻碍，即供应链数字化整合正向 / 负向调节企业的要素投入与绿色供应链实践之间的关系。

第四节　小结

本章通过选择两个差异较大的案例进行分析，其中一家为 HW 公司，在供应链中属于核心企业，且由于体量较大，在供应链中拥有较大的权力，能够对上下游企业产生较大影响，而且体量越大的企业对于可持续供应链管理的看法越透彻。而 FR 公司虽然体量较小，但是在本行业中也属于中大型企业，但是相对于 HW 公司而言，更加受制于大型客户和大型供应商。与此同时，由于存在的体量差异，从 FR 公司的深度访谈中获得的资料比从 HW 公司公开披露材料中获得的信息更加清晰，且能够获得 HW 公司不易纰漏的信息，有助于理论预设。

通过两个案例的案例内和案例间对比，提出了五个基本研究命题，在一定程度上明确了信息技术对基于 LARG 框架的不同可持续供应链实践的影响机制，并说明了这种差异，可以对理论逻辑中推导的研究假设进行补充，同时也对后续实证研究结论进行了部分说明。

第五章　精益－敏捷－弹性供应链管理实践中信息技术的作用路径

第一节　研究介绍

通过前文的研究回顾可以发现，企业的可持续供应链实践内涵可以扩充为基于 LARG 框架、更丰富的实践体系，包括精益供应链实践、敏捷供应链实践、弹性供应链实践和绿色供应链实践。同时讨论了供应链上信息技术及数字化整合的研究现状，也探究了信息技术和供应链数字化整合在可持续供应链管理领域的研究进展。研究发现，可持续供应链实践中的精益供应链实践、敏捷供应链实践和弹性供应链实践都可以通过改变管理策略、改善企业内外部业务流程等方式对企业现有资源加以更充分的利用，如即时生产、冗余库存、风险和意外事件预案等都可以通过强化企业内外部管理或优化外部协作实现。

前文对影响四种可持续供应链实践因素的探索明确显示，在可持续供应链管理领域，"信息技术价值悖论"依然存在，且信息技术应用不足依然是阻碍可持续供应链实践最重要的因素之一。显然，信息技术和代表信息技术深度应用能力和协作水平的供应链数字化整合对可持续供应链实践的影响机制是迫切需要了解的内容，这也符合供应链发展的两大热点趋势：信息技术和可持续供应链管理的发展和融合。

与此同时，探索性案例分析部分又通过分析案例得出了信息技术和数字化整合之间的差异和关系，以及二者在推动可持续供应链实践时扮演的角色。本章则通过文献和理论视角对信息技术与精益－敏捷－弹性供应链管理实践之间的关系提出了更详细和具体的假设和验证。

第二节　概念模型与假设设计

一、信息技术基础设施与精益－敏捷－弹性供应链实践

（一）信息技术基础设施与精益供应链实践

在前面的章节已经非常清晰地界定过精益供应链实践的概念和内涵，它本质上是一种通过持续改进过程来降低不必要成本、消除浪费的供应链活动。在制造的早期阶段，精益实践的重点在公司的特定领域和职能上，例如工程、生产和质量控制。在这些领域中实施精益原则和计划时，组织内部和跨职能的紧密合作对于精益实践的成功是必要的。随着企业对削减成本和缩短供应时间的渴望，促使了企业将精益做法扩展到其上下游合作伙伴之间，企业通过监控内部运营和合作伙伴的流程，以便在整个过程中实现精益管理。实际上，随着精益实践从企业层面的精益生产向供应链层面的精益实践发展，许多企业已经意识到优化流程的一部分与优化整个流程是不同的。如果要进行真正的改变，他们必须将其业务合作伙伴纳入基于公司的现有精益实践中，将业务流程简化为无缝操作，以减少周期时间、减少库存、降低成本及提高质量和客户服务。换句话说，企业除了在内部流程上实现无缝操作，还必须将其边界无缝扩展到其供应商和客户，以达到最佳实践水平和实践效果。

精益供应链实践中采用的拉式订单管理、准时生产模式等都是面向客户，而全面质量管理、生产维护和减少浪费则贯穿于企业内部和上下游关联企业。

企业往往通过应用不同的供应链管理程序和系统来实现全流程的精益操作。例如，一些信息技术可以通过及时分析生产和原材料库存数据判断生产进度，并及时通知生产中心调整计划，从而避免了仅利用可视化或者口头转达信息时发生的人为错误。许多公司在现实中也使用库存管理系统、射频识别技术、电子数据交换来提供精益实践所需的精确信息，以便及时减少库存并消除缺货情况。企业资源计划、客户关系管理系统、电子采购和全球定位系统等信息技术和系统也常被用于建立组织外部之间的通信和协作水平，甚至部分技术可以帮助企业以更好的条件（成本低、质量高、速度快）获得标准化组件，甚至消除不必要的成本，是企业精益实践的重要驱动因素。除此之外，Ghobakhloo 等（2014）论述了信息技术可以通过推动精益供应链实践实现企业绩效的提升；Dave 等（2016）认为物联网能够直接推动企业的精益供应链实践。不可否认的是，理论界和实践界对企业投资信息技术基础设施在推动精益供应链实践时表现出的潜能表示认可。鉴于此，提出假设如下。

H1a：企业投资信息技术基础设施将积极推动精益供应链实践。

（二）信息技术基础设施与敏捷供应链实践

文献述评指出，对供应链敏捷性的要求晚于精益理念的应用。当市场动荡同时还需要满足较短时间窗口的要求时，供应链上的精益实践实际上受到限制，尽管其可以满足降低成本的要求，但也因其更多偏向标准化、细节化的操作而几乎无法帮助企业以所需的灵活性和更快的响应速度完成既定目标。因此，很多企业对其供应链流程进行了全面的重新设计和优化，通过灵活应对和快速反应来应对供应链上的复杂环境，尽快以切实行动完成各种要求，在这个过程中，供应链需要通过关系联结来获得一致性的信息。

伴随着信息技术的发展，如电子数据交换、互联网甚至近年来被广为重视的物联网等进一步加强了买方与供应商之间的关系联结，提供了实质性的交互。以物联网为例，可以充当重要的存储和通信枢纽，在其连接的组织及其网络之间传输信息。由于这种特性，物联网可以使现代企业建立更好的连接性和渐进式运营，可以推动供应链内外部的敏捷实践。从某种意义上说，信息技术是改变企业业务本质和方式的关键决定因素，人们已经注意到对信息技术基础架构功能的投资对于践行敏捷供应链实践至关重要。学者们相信，信息技术资源可以通过以下两种特殊的方式为敏捷供应链实践作出贡献。

（1）企业需要不断识别、收集、分析市场信息，当感知到市场变化时，企业决策者立即与合作伙伴进行沟通，调整设计、采购、制造、物流等，在这种协调中，及时准确的库存、生产等信息是非常关键的，有了信息技术，供应链能够从以往由失真和延迟信息驱动的预测，转变为基于共享的市场驱动的实时需求，最终实现及时的供给。在信息系统研究领域中，一些研究人员如 Naziret 等（2012）曾断言，信息技术可以通过构建数字化联结，准确感知和反馈市场变化，帮助企业加快决策速度。

（2）信息技术资源可以协助企业快速改变内外部业务流程和组织结构，迅速灵活地应对市场或需求变化。例如，当企业根据客户需求重新设计产品时，信息技术可以更好地实现底层项目数据的可见性及资源监视和控制。Wailgum（2008）认为，企业通过企业资源计划系统可以缩短交货周期和调整交货数量，灵活应对需求的改变，并及时将这种变化反馈给供应商以协助其灵活调整。即便在新产品开发实践中，企业仍然可以通过信息技术工具将客户捕捉到的新市场趋势有效地传输给上游企业，有利于新产品开发，并增加了开发更多创新产品的机会。

除此之外，学者们还揭示了企业可以利用其信息技术基础设施资源推动大规模的定制和个性化实践。戴尔公司就是一个典型的例子，公司通过信息技术（如电子交换技术构建的电子网络）与供应商和客户建立灵活的合作伙伴关系，针对不同产品和需求特征配置差异化供需网络，以满足客户定制化和个性化需求，显然，在这个过程中，信息技术基础设施资源发挥着不可替代的作用。

因此，为了推动敏捷供应链实践，有必要通过信息技术或系统进行信息交换、沟通和协调，以便收集并处理与已连接设备链接的运输数据和信息，且在供应链上的所有参与者（供应商、制造商、分销商、零售商）之间必须拥有信息技术基础设施和可用服务。可以有如下假设。

H1b：企业投资信息技术基础设施将积极推动敏捷供应链实践。

（三）信息技术基础设施与弹性供应链实践

供应链复杂性不断提高，剧烈的需求波动、前所未有的技术变化和层出不穷的意外事件（风险）给有效的供应链管理带来越来越大的挑战。

2017年，标准普尔500指数中有32%的公司受到了供应链意外事件和中断的影响。为了应对供应链风险和其脆弱性，学术界和从业人员建议，必须推进弹性供应链实践，如强化需求预测功能，增加冗余库存管理策略等。然而这些策略是通过人工干预还是采用更加"智能"的方式仍不确定。

有学者认为，对供应链进行有效管理，确保供应链更加有弹性的变革即将到来。世界经济论坛（2017）坚信，在不远的将来，供应链将高度自治且具有准确的预测能力，如使用物联网，系统将在整个供应链运营中生成数百亿字节的数据，更先进的信息技术（如人工智能和大数据分析）将被用于实时分析信息、监控全球运营，以最小错误率预测未来并采取行动适应快速变化的环境和意外事件，这样的供应链实践基于 Self-thinking，需要最少的人为干预。

Burmester 等（2017）以物联网和射频识别技术（RFID）为例，探索其刺激企业践行弹性供应链实践的逻辑，如 RFID 作为一种广泛使用的技术，主要用于供应链管理、库存、零售运营等供应链业务流程，能实现实时的产品流可见，并在分销链的任何位置共享信息，如果产品在配送中心存量不足时，可以自动提醒供应商增加库存，如果库存滞销周期较长，那么会通知供应商考虑其他方案（B2C类型的电商网站大多会用此种技术），这样企业可以通过 RFID 技术进行库存的合理控制，甚至可以进行合理的需求预测和库存冗余备份。此外，还有学者试图解开区块链技术的神秘面纱，运用这种点对点的信息技术网络进行供应链弹性实践和风险管理。

尽管在弹性供应链领域中没有更多的探索信息技术作用机制的文献，但是根据 Gimenez 等（2008）在传统供应链领域中的研究，物料需求计划、企业资源计划和仓储管理系统等信息技术都有助于制造过程中的计划和精准库存控制，并且还可以及时选择替代供应商等，而这些典型的供应链实践正是弹性供应链实践的重要内涵。

总而言之，学者们和从业人员都认为，如果没有通过信息技术及系统收集和分析而来的数据访问权限，管理者们就难以充分开发、应用和协调公司在供应链上的弹性运营实践。我们可以得出以下假设。

H1c：企业投资信息技术基础设施将积极推动弹性供应链实践。

二、信息技术基础设施与供应链数字化整合

在信息技术快速发展的时代背景下，对大多数公司而言，供应链信息技术基础设施的投资已成为日常事务。即使这些信息技术投资是有价值的，如部分信息技术资源能够帮助企业识别供应链网络中的机会和威胁，但是这种信息技术和系统并不罕见，非常容易获得或被竞争对手复制。企业家们也发现，供应链信息技术基础设施实现其独特价值变成了一项艰巨的挑战。学者们在解读这一现象时指出，应将注意力集中在这些技术和系统的实际使用上，即公司必须超越对信息技术基础设施的投资，而应提升对信息技术的使用能力，或运用这些信息技术资源构建企业内外部高水平的联结和协作。其实，很早就有学者在寻找"信息技术价值悖论"根源时指出，供应链上的信息技术基础设施只是重要的工具资源，它必须通过不同级别、不同部分、不同组织之间生产运营过程的计划、协调和控制来构建供应链集成能力或给企业带来更高程度的整合水平，如果没有构建这种独特的能力和紧密的协作模式，零散的信息技术资源有时可能会阻碍信息流并减少供应链合作伙伴之间的协调。许多公司越来越多地重视这种数字化整合。

而且，从复杂适应性理论和企业吸收能力理论来看，企业的供应链信息化过程有不同的层次和阶段，应将信息技术基础设施应用到业务流程和管理策略中，并转化为独特的能力，这样才能实现信息技术价值；信息技术基础设施不仅是企业吸收能力的重要来源（信息技术基础设施是企业整体知识库的重要组成部分），还可以通过增强知识的覆盖面和丰富性来提高吸收能力。根据 Teece 等（1997）将能力视为"企业通过建立和重新配置内外部资源以满足市场需求的全流程整合"的说法，企业通过一系列具有内外部属性的信息技术、系统或架构来推动高阶能力的形成，才可以有持续的成功实践，供应链数字化整合毫无疑问也契合企业吸收能力理论。因此，我们有如下假设。

H2：企业投资信息技术基础设施能够显著提升供应链数字化整合能力。

其中：

H2a：企业投资与供应商有关的信息技术基础设施将积极影响供应商的数字化整合能力。

H2b：企业投资于内部的信息技术基础设施将积极影响企业内部的数字化整合能力。

H2c：企业投资与客户有关的信息技术基础设施将积极影响客户的数字化整合能力。

三、信息技术基础设施、数字化整合与精益－敏捷－弹性供应链实践

（一）信息技术基础设施、数字化整合与精益供应链实践

已经有学者试图在精益供应链管理中将视角从"资源"转向"整合"，如 Cagliano 等（2006）对 425 家采用了精益供应链实践的制造企业进行了研究，结果表明，精益实践与外部供应商的信息化整合紧密相关。实际上，供应商整合是许多公司实施精益策略的重要步骤。Bozarth 等（2008）补充认为，随着信息技术的爆发性发展，超过 65% 的供应链合作都通过电子方式进行，这种电子方式整合了供应链的全部流程，不仅可以在企业的内部流程支持精益制造，也在供应链之间提供集中式数据库和信息。作为将企业业务与上下游合作伙伴联系起来的供应链数字化整合，通过减少浪费和提高效率来推动企业的精益供应链实践，实质上有助于提升企业的最终绩效。So 等（2010）强调，供应链上的数字化整合，尤其是供应商和内部数字化整合对于企业推进精益供应链实践意义重大。Chakraborty 等（2018）通过对美国医院践行精益供应链管理的案例分析发现，将信息技术和系统集成到医院内外各实体之间的库存、会计、医疗服务等流程中，可以为精益实践提供更准确的信息，减少操作的不确定性，并加强业务往来的及时性。因此我们可以有如下假设。

H3a：供应链数字化整合在信息技术基础设施与精益供应链实践之间发挥着积极的中介作用。

（二）信息技术基础设施、数字化整合与敏捷供应链实践

随着信息技术为企业管理供应链关系和交易流程提供了新的选择，已经有大量研究讨论过信息技术基础设施资源在推动敏捷供应链实践过程中的积极效应，然而，信息技术基础设施投资带来的意想不到的"技术陷阱"仍然无法避免。学者们认为必须了解信息技术基础设施资源如何与企业内外部之间的业务流程相关联，并借助信息技术基础设施资源形成供应链数字化整合这种高阶能力。

学术界对以上观点有进一步的讨论，如 Qrunfleh 等（2014）认为，通过信息技术基础设施资源形成的供应链数字化整合（集成）能够通过共享所需的时间表、

生产进度预测和库存及订购等方面的供应链活动信息，轻松优化供应链功能，而且在这种能力的帮助下，知识共享也变得可行。供应链数字化整合在某种程度上也代表了企业对信息和知识的加工能力，供应链数字化整合大大减少了共享信息和知识所需的时间，这有助于为供应链参与者准备良好、清晰、及时的业务信息。企业通过数字化整合，最终减少了对意外事件和市场变化的响应时间，提升了供应链系统的运行速度，甚至它通过有效地监控其他合作伙伴的操作信息（如企业可以轻松获得供应商的库存信息、运输信息及原材料价格情况），清晰地显示供应商、供应链的状态及其服务水平，甚至可以灵活调整供应商选择（这就对应了敏捷供应链实践中的供应策略和供应商评估）。

大多数学者都认同卓越的供应链数字化整合可以提高供应链实践的反应速度和灵活性，这也是有学者在敏捷供应链管理中同样强调数字化整合（也有学者认为是 IT 集成）的原因。与此同时，企业也在逐渐觉醒（如探索案例分析中的两个案例企业），在实践中除了花费大量的金钱投资信息技术基础设施，还会将这些基础设施融入生产流程、内部组织和上下游服务框架中，以构建数字化整合这种独特的技能。因此，得出的第一个假设如下。

H3b-1：供应链数字化整合在信息技术基础设施与敏捷供应链实践之间发挥着积极的中介作用。

然而，高水平的供应链数字化整合就一定可以成为敏捷供应链实践顺利推进的助力吗？并不是所有的学者都认可这种关系。如 Gosain 等（2004）认为，在信息技术不断发展的大环境下，尽管越来越多的实践者通过大量投资信息技术基础设施提升了组织内外部的数字化整合水平，构建了牢靠的虚拟联结，但它却可能损害供应链实践的灵活性，而灵活实践则是敏捷供应链实践所反映的两大核心变量之一。Van Oosterhout 等（2006）也曾给出进一步的解释，认为较高强度的虚拟联结可能会"僵化"合作关系，让企业缺失"腾挪空间"，最终阻碍企业的敏捷实践，如无法灵活地改变生产流程，无法践行灵活的供应策略等。资源依赖理论（Resource Dependence Theory，RDT）中也有类似的观点，高强度的数字化整合水平不但代表企业运用信息技术整合供应链业务流程，构建高水平联结的能力，潜在地，它还表示企业不会或不能轻易地更换合作伙伴（一旦重新更换，意味着要重新建立这种联结），如果企业在供应链中的地位较高，被上下游企业依赖的程度较强（如 HW 公司），那么企业通过数字化整合可以更好地推进敏捷供应链实践。但是一旦企业并未处于供应链中的优势地位，如 FR 公司很明显不仅受制于主要大客户，还受制于核心供应商（如蓝牙芯片、机械轴体生产商等），这时如果企业推进敏捷供应链实践，不管是更好地满足客户的需求变化还是对市场变化的应对，其上游的供应商都不会轻易配合（拥有稀有资源的供应商往往拥有讨价还价的权力和资本），更不用谈企业对这些核心供应商的灵活供应策略和评估机制的构建。

这些研究和实践结果似乎都表明，供应链数字化整合可能还有消极效用，于是提出了企业在践行敏捷供应链实践时，供应链数字化整合作用机制的第二个假设如下。

H3b-2：供应链数字化整合在信息技术基础设施与敏捷供应链实践之间发挥着消极的中介作用。

（三）信息技术基础设施、数字化整合与弹性供应链实践

学术界对信息技术在弹性供应链管理中的作用机制的相关论述较为欠缺，但是供应链数字化整合在供应链管理领域，包括精益供应链管理、敏捷供应链管理研究中可能扮演中介角色并非无人讨论，如 So 等（2010）讨论过信息技术如何转化为能力背后的逻辑。正如文献综述中所言，供应链上的精益实践、敏捷实践、弹性实践具有一定的交集，这一点在很多文献中都可以找到证据，如很多人将敏捷实践视为弹性实践的组成部分，因为二者内涵中都包含了灵活的供应商策略，只是敏捷实践侧重于速度，而弹性实践侧重于风险控制，所以从这种具有交集的界定来看，信息技术通过转化为供应链数字化整合进而推动弹性供应链实践的逻辑是成立的，如 Bargshady 等（2014）认为，企业通过数字化整合有效地监控其他合作伙伴的操作信息和供应商的状态及其服务水平，除评估供应商之外，在其多供应商策略中同样是调整供应商的依据。

Urciuoli（2015）在其研究中明确指出，供应链管理者需要通过信息技术（系统或平台）来识别、访问和分析大量数据，对提升整个供应链的数字化整合水平（虚拟整合）至关重要，这种整合是推动企业弹性供应链实践最有效的方式。通过数字化整合，可以增强组织内外部的连接性和可见性，以便企业更好地进行库存控制，更好的风险管理，更精准地改善需求预测。因此，有如下假设。

H3c：供应链数字化整合在信息技术基础设施与弹性供应链实践之间发挥着积极的中介作用。

本节通过对精益–敏捷–弹性（L-A-R）供应链管理领域中的相关文献梳理和相关理论阐述，对信息技术基础设施与数字化整合之间的关系进行了讨论，同时，深度地论述了信息技术基础设施和数字化整合在推动 L-A-R 供应链实践时的不同作用机制，尤其重点关注了可持续供应链领域同样无法摆脱的"信息技术价值悖论"（或"技术陷阱"），认为信息技术基础设施资源应该转化为供应链数字化整合能力后才能推动 L-A-R 供应链实践，这符合企业吸收能力论观点。

还关注了供应链数字化整合对敏捷供应链实践的矛盾机制，并以资源依赖理论进行了假设。得出的第一个研究理论模型如图 5-1 所示。

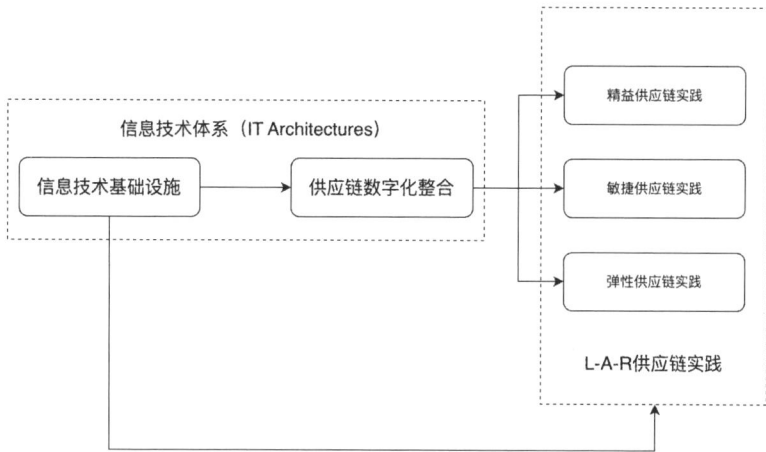

图 5-1　在 L–A–R 实践中信息技术作用机制的理论模型

第三节　研究设计与样本收集

一、问卷设计

　　问卷调查法在社会学、心理学和管理学领域是使用最为普及的一种方法，它具有效率高、成本低、干扰小和数据较真实可靠等优点。但是，要通过问卷调查获得真实可靠的数据依赖于答卷者能够理解问题，并认真坦诚地回答问题。一方面，需要设计者在抽样过程中，严格按照一定的条件选择答卷者，控制好问卷长度和激励手段；另一方面，则需要在问卷设计过程中严格把关问卷质量。为了提高量表和问卷质量，需要通过精确组织语言措辞，剔除过于专业的术语，综合考量语气，以及尽量避免歧义等办法来实现。

　　量表的设计有两种方法，一种是使用现有量表；另一种是自行设计量表。使用现有量表具有很显著的优点：一方面，在现有文献中占有一定地位（在不同领域引用次数较高）的量表，具有较高的信度和效度；另一方面，在文献中被反复使用的量表认可度高，使用发表在权威期刊上的量表，一般不会受到太多质疑。本书认为，使用现有量表也可以在一定程度上避免因措辞不当造成的问卷质量问题。

虽然使用现有量表具有显著的优点，使用现有量表也需要注意一些问题：第一，概念上的适用性。英文文章一般是针对西方国家的民众或企业进行的调研，概念存在差异，在中国情境下是否可以保持统一。第二，文化上的适用性，即西方国家的答卷者与我国的答卷者对问项的理解是否统一。第三，语言上的适用性。将英文量表翻译成中文后的意思是否保持统一。

本书涉及的构念大都由国内外成熟量表演化而来，但是部分构念，如精益供应链实践、敏捷供应链实践等属于高阶构念，学术界对高阶构念的测试仍然不统一，因此需要进一步检验，如通过探索性案例分析对高阶构念进行确认。为了保证量表在概念、文化和语言上的适用性及最终问卷的质量，本书按照严格的方法论，在问卷设计环节投入大量精力。具体而言，问卷设计环节共经历了以下五个阶段。

第一阶段，根据案例调查和文献分析，确定核心概念在本书中需要测量的维度，然后进行大量的文献阅读，在权威期刊引用次数较高的文献中寻找相关概念的测量指标。

第二阶段，双盲翻译。首先由研究者本人对选取的测量指标进行翻译，将英文的指标翻译成中文，然后寻找另一个同专业方向的研究人员，将研究者本人翻译好的中文再翻译成英文，即回译。随后研究者本人与另一位研究人员将原始英文指标与回译后的英文指标进行对比，寻找差异原因，并努力消除差异，以提高翻译的准确性。

第三阶段，寻找三名研究领域内的专家，对专家进行访谈，探讨中文问卷与英文问卷在概念、语言和文化方面的适用性。通过与专家的访谈发现，核心概念在西方国家与我国并不存在很大的文化和语义的差异，对于我国的研究情境是适用的。

第四阶段，对多家企业的供应链经理进行了初步访谈，就每个题项对他们进行提问：是否有不理解的术语？问题是否难以回答？并让他们陈述他们所理解的题项的意义，以发现歧义，并考察文化适用性和理解力，对有歧义或不理解的地方进行修正，然后通过对探索性案例分析（FR公司）进一步修正问卷问题。

第五阶段，确定调查问卷的内容。调查问卷主要包括两部分，第一部分是受访企业和受访者的基本信息，第二部分是受访者对核心构念测量指标的评价。问卷采用李克特七级量表，从1~7的分值对题项的同意程度（广泛程度）进行表示。

在正式调研之前，以预调研的方式对问卷的信度和效度进行了小样本测试（20份），通过对反馈的评估和简单的探索性因子分析，进一步完善和修订了调查表，以供正式调研使用。

（一）供应链上信息技术基础设施与数字化整合的问卷设计与测量

由于信息技术的迅速发展，有学者发现给信息技术一个标准的定义是非常困难的，越来越多的学者，如 Daniel（2002）等认为信息技术应该被看作是技术变革的演进过程和体系。一方面，信息技术包含了"处理，存储和传递信息"给内部用户和外部合作伙伴的所有基础设施；另一方面，信息技术还包含了针对应用程序、数据和基础架构技术的组织逻辑和业务应用技能，并由此延伸出了"信息技术体系（IT Architechtures）"的概念，对信息技术进行二维化解构，提出基于"基础设施"和"数字化整合"（也有学者称之为 IT 整合）两种维度。

Cohen 等（2007）认为信息技术基础设施是"处理，存储和传递信息"给内部用户和外部合作伙伴的所有要素，例如硬件、软件应用程序、信息技术、数据库等，这些要素由企业的信息化部门集中协调，但是内外部所使用的信息技术基础设施资源存在一定差异，要根据现实情况进行选择。本书中，主要依据 Thoeni 等（2017）对可持续供应链管理的信息技术使用的系统性文献分析中得到的信息技术列表进行整理，主要包括射频识别技术、电子交换技术、企业资源计划、电子采购等元素，再补充 Oghazi 等（2018）和 Tu 等（2018）的论述，更全面地测度供应链上的信息技术基础设施。

供应链数字化整合的测量主要根据 Kuo 等（2013）和 Robey 等（2008）的观点为依据，包括能够将信息技术应用到管理和监视订单、包装、分配、运输和存储功能，提升组织内外部联结和协同水平。为了更清晰地论述供应链上下游和企业内部之间数字化整合的差异，本书还采用了 Huo 等（2015）对供应链整合的分类，将供应链数字化整合分为：（与）供应商数字化整合、内部数字化整合和（与）客户数字化整合，且三个维度独立测量，如表 5-1 所示。

表 5-1　信息技术基础设施和供应链数字化整合的测量

变量	测量指标	题项来源
（与）供应商信息技术基础设施	面向供应商的射频识别技术（S） 面向供应商的自动化物料处理技术（S） 面向供应商的电子采购技术（S） 面向供应商的电子数据交换技术（S） 面向供应商的物资需求计划系统（S） 面向供应商的仓储管理系统（S）	Thoeni 等（2017）；Oghazi 等（2018）；Tu 等（2018）
内部信息技术基础设施	内部的射频识别技术（I） 内部的自动化物料处理技术（I） 内部的电子数据交换技术（I） 内部的客户关系管理系统（I）	

变量	测量指标	题项来源
内部信息技术基础设施	企业内部资源规划系统（I） 内部的物资需求计划系统（I） 内部订单管理系统（I） 内部仓储管理系统（I）	Thoeni 等（2017）； Oghazi 等（2018）； Tu 等（2018）
（与）客户信息技术基础设施	面向客户的射频识别技术（C） 面向客户的电子采购技术（C） 面向客户的电子数据交换技术（C） 面向客户的订单管理系统（C） 面向客户的仓储管理系统（C）	
（与）供应商数字化整合	能用信息技术来跟踪或加快供应商的出货 能用信息技术传递采购订单或资金给供应商 能使用信息技术和供应商构建联结交易 信息系统能和供应商信息系统整合在一起	Kuo 等（2013）； Robey 等（2008）； 刘和福等（2009）； Haddud 等（2017）； Huo 等（2015）
内部数字化整合	库存实时提醒 一体化和集成化的库存管理 不同职能部门之间能用软件进行系统整合 公司内部各职能部门之间能进行数据整合 物流运作数据能实时跟踪	
（与）客户数字化整合	客户能用信息技术传递采购订单或资金 客户能用信息技术来跟踪或加快出货 信息系统能和客户的信息系统整合在一起 客户能够使用信息技术与企业构建交易联结	

（二）精益供应链实践问卷设计与测量

精益供应链实践是一个复杂的高阶构念，涉及一系列与供应链相关的实践活动，然而当前学术界对精益供应链实践的测量大多集中在二分法、四分法、细分并列法等，在 Negrao 等（2017）对供应链实践的维度进行详细的文献调研后发现，这些方法的差异仅在于对精益供应链实践的要素进行宽度不一的扩充。由于缺乏相应的研究，本书无法直接从理论上对该二阶概念进行确认，所以在问卷制定时，主要通过细分并列法，参考 Kamble 等（2019）和 Moyano-Fuentes 等（2019）的研究测量量表来构建本研究量表，然后通过探索性因子分析进行进一步检验，以确定在本书中是否可以形成精益供应链实践这个二阶构念，如表 5-2 所示。

表 5-2　精益供应链实践测量

维度	测量指标	题项来源
即时生产	应用即时生产技术向客户交货	Marodin 等（2017）；Moyano-Fuentes 等（2019）；Kamble 等（2019）；Bevilacqua 等（2017）
	应用即时生产技术向供应商采购原材料	
	内部即时生产技术和看板系统	
订单拉动	客户以拉式订单与企业联系	
	供应商以拉式订单与企业联系	
准备时间	应用延期装配快速响应客户需求	
质量管理	管理供应商时采用全面质量管理	
	管理客户时采用全面质量管理	
	内部实行全面质量管理	
生产维护	管理每道工序上的工作及设备运转情况	
过程控制	应用统计质量控制方法控制生产过程	
减少浪费	基于平稳和预测准确度高的需求提供产品	
	减少各种浪费以提高效率	
	主要是为客户进行标准化生产	

（三）敏捷供应链实践问卷设计与测量

以往对"敏捷"的研究过多地集中在供应链敏捷性方面，然而 Narasimhan 等（2006）很早就指出，为了在瞬息万变的市场中实现蓬勃发展，供应链需要将敏捷能力转化为实践行动，Potdar 等（2017）坚持认为，供应链管理理论发展中，迫切需要厘清供应链敏捷性的分歧，开发通用的敏捷供应链实施框架，以应对动态的市场变化。然而，文献中缺乏对敏捷供应链实践的深层次探讨，敏捷供应链实践的维度划分完全可以参考供应链敏捷性的维度划分。"灵活性"和"速度"一直都是供应链敏捷性的关键维度，鉴于此，本书吸收了 Christopher（2000）和 Azevedo 等（2012）的观点，将敏捷供应链实践的核心维度分为灵活实践和速度实践，其中，灵活实践强调企业面临供应链上的复杂环境，除了确保一定的剩余资源，还能灵活地改变策略和资源配置以应对变化，而速度实践则强调快速反应，具体参考了 Chen（2018）的测量指标，如表 5-3 所示。

表 5-3　敏捷供应链实践测量

维度	测量指标	题项来源
灵活实践	基于客户经常变化的、难以预测的需求生产	Inman 等（2011）；Swafford 等（2008）；Khan 等（2009）；Chen（2019）
	个性化生产满足客户需求	
	与较多供应商保持短期、灵活的关系以便适应市场变化	
	依据企业对市场变化的反应灵活程度选择供应商	
	为适应不同市场环境，企业结构经常调整和变化	
速度实践	迅速调整产品，以满足客户的需求	
	迅速回应市场需求的变化	
	迅速适应产量变化	
	迅速向市场引进新产品	

（四）弹性供应链实践问卷设计与测量

Ruiz-Benitez 等（2019）认为弹性供应链实践和供应链上的精益实践类似，本质上是将弹性能力应用到企业的供应链运作流程中，代表企业应对意外干扰或风险的实践活动。鉴于弹性供应链实践仍属于比较新的视角，需要整合供应链弹性的内涵和维度设定详细测量指标。根据文献分析，越来越多的学者尝试将供应链弹性视为简单的二维结构，即"主动和被动"。这种内涵的延展也被学者应用到对弹性供应链实践的划分上，如 Tukamuhabwa 等（2015）曾将企业采用的供应链弹性实践策略分为主动策略和被动策略；Chowdhury 等（2017）更是直接将弹性实践二维化解构为主动性实践和被动实践。因此本书参考以上学者的理解，力图更全面地展现弹性实践，具体如表 5-4 所示。

表 5-4　弹性供应链实践测量

维度	测量指标	题项来源
主动实践	主动与供应商共享生产、需求预测和销售信息	Chowdhury 等（2017）；Ali 等（2017）；Azevedo 等（2013，2016）；Ruiz-Benitez 等（2017，2019）；Govindan 等（2015）；Cheng 等（2017）；Dubey 等（2018）
	主动与客户共享生产、需求预测和销售信息	
	主动维持较多供应商数量	
	随时准备通过其他供应商来替换主要供应商	
	保留产品和零部件库存剩余应对市场变化	
	积极缩短给客户的整体交货时间	
被动实践	遇到供应链风险，以较低损失即可恢复	
	轻易控制面临的供应链风险	
	迅速应对供应链意外干扰或风险	
	快速感知供应链发生的意外干扰和风险	

（五）控制变量

控制变量尽管不是本书的重点，但是企业规模、归属行业、企业所有权特征和企业成立时间等因素也可能影响管理者对可持续供应链实践的态度，在探索性因素分析的两个案例对比中，也可以发现这一差异。

企业成立年限是直接影响企业成长和发展阶段的重要因素。一般而言，企业成立年限与企业采取可持续发展管理策略的程度呈正比；企业规模（销售额、员工人数和固定资产等）除了使企业在供应链上对各种资源的获取和利用表现出较大的差异，也会在组织结构、管理方式、运行过程等方面体现出较大的差异，这些差异会直接影响企业采取可持续供应链实践，如较大型企业在供应链中地位一般较高，拥有较大权力，在推动可持续供应链实践时，可以获得更好的上下游配合，较大型企业也意味着内部完善的组织结构和管理方式，在践行各种可持续实践策略时，也会更加规范且有效率；行业差异也是一个重要的控制变量，污染严重的制造业（如电子行业），对可持续供应链实践，尤其是绿色实践的追求和压力（尤其是外部环境压力，如政府的法律法规和第三方环境监管组织）更高，在践行可持续供应链实践时自然更加积极；企业所有权属性是特别加入的控制变量，尤其在中国情境下，国有企业、私营企业和公私合营企业对可持续供应链的观点也存在较大差异，如国有企业更多会考虑社会责任，而私营企业则更多考虑经济利益，这从某种程度上来说也是所有权性质的影响。

因此，本书使用企业年销售额、员工人数、固定资产、所属行业、企业成立年限、企业所有权类型等作为控制变量，在模型分析时，通过控制变量的加入来部分消除这些要素的影响。

二、样本收集

（一）数据收集

作者与天津大学霍宝峰教授"供应链核心竞争力研究"课题组合作，选取长三角地区（以广东省为主）制造企业作为问卷发放的目标。广东省作为我国制造业重点区域，不仅在国内供应链领域扮演着重要角色，在全球化发展趋势下，也在不断积极拓展全球供应链的多样性。因此，将调研范围选定为广东省，能够同时测量国内的企业与国内外的买方、卖方，可为管理供应链数字化整合实践提供指导。

本书以广东省企业名录中4万余家企业作为样本池并采取随机分层抽样的方法进行样本的选择。首先，选取了深圳、广州、佛山和东莞四个工业城市，随后在四个主要工业城市中选择名录上的企业进行问卷方案预判，通过判断问卷可达性（主要判断电邮、联系地址和电话是否可达），最终选择了 1000 个目标企业。为了提高问卷回复率，通过提前打电话进行意愿的沟通，且为了提高积极性，承诺本次调研仅为学术用途，最终研究结论会与被调研企业共享。由于研究的答卷者多限制为供应链领域中的高级管理者，如采购经理、供应链经理和销售经理等，问卷在发放时也提出了匿名策略。最终，采用电邮和邮寄问卷结合的方式收集数据，将问卷和强调研究目标及潜在贡献的说明书一起给答应参加调查的答卷者。

本次调研共回收 267 份样本数据，通过对样本数据的进一步核对，剔除信息缺失和未通过一致性检验的样本后，最终保留了 211 份有效数据，回收率为 21.1%。

（二）样本描述性统计

根据答卷者提供的企业信息，对样本进行了描述性统计分析以了解样本的分布信息。如表 5-5 所示，有效问卷中涉及的被调研企业成立年限集中在 2 年及以上，占比超过 75%。相对于新成立的企业，这样的企业有充分时间建立比较成熟的供应链；就行业而言，样本主要分布在电子产品与电器，金属、机械与工程，化工制品与石油化工等行业，样本涉及的行业已经比较全面且比较符合现阶段广东地区制造业发展的现状；员工人数符合正态分布，100~999 人的中型企业占比为 42.18%，员工数小于 100 人的企业和员工数大于 1000 人的企业占比同为 28.9%。由于我国特殊的政策，企业的所有权情况也是一个了解样本分布的重要信息。就企业的所有权情况来看，私营企业占比近一半，合资企业和外资企业总体占比超过 30%，国有企业和集体企业占 15.17%，样本企业所有权的分布也比较接近整体样本的真实情况。因此总体而言，本书所得的样本能够较好地反映总体的特征。

表 5-5　样本信息

样本分类及特征（*N*=211）		样本数	百分比 /%
成立年限	1 年以内	8	3.79
	1~2 年	40	18.96
	2~3 年（不包括 3 年）	101	47.87
	3~4 年（不包括 4 年）	56	26.54
	4 年以上	6	2.84
员工总数	小于 50 人	35	16.59
	50~99 人	26	12.32
	100~199 人	22	10.43
	200~499 人	42	19.91
	500~999 人	25	11.85

续表

样本分类及特征（N=211）		样本数	百分比 /%
员工总数	1000~4999 人	24	11.37
	5000 人及以上	37	17.54
企业所有权类型	国有企业	28	13.27
	集体企业	4	1.90
	私营企业	105	49.76
	合资企业	31	14.69
	外资企业	41	19.43
	其他类型	2	0.95
归属行业	电子产品与电器	62	29.38
	金属、机械与工程	77	36.49
	食品、饮料、酒精与香烟	13	6.16
	化学制品与石油化工	18	8.53
	纺织品与服装	7	3.32
	其他	34	16.11
固定资产	小于 500 万元	33	15.64
	500 万 ~1000 万元	14	6.64
	1000 万 ~2000 万元	19	9.00
	2000 万 ~5000 万元	22	10.43
	5000 万 ~1 亿元	28	13.27
	1 亿元及以上	95	45.02
年销售额	小于 500 万元	26	12.32
	500 万 ~1000 万元	10	4.74
	1000 万 ~2000 万元	18	8.53
	2000 万 ~5000 万元	20	9.48
	5000 万 ~1 亿元	20	9.48
	1 亿元及以上	117	55.45

（三）样本质量检验

1. 内生性检验

内生性问题是主流商业期刊编辑的关注点，"大多数严格的学术期刊都或多或少地要求将内生性以某种方式解决，这是其编辑政策的一部分"（Ketokivi et al.，2017），因此在当前的研究中，学者们应充分重视内生性问题的解决。Lu 等（2018）曾指出，在现有研究中，明确解决内生性问题的研究数量正在增加，但大多集中在面板数据或时间序列数据中。然而，在横截面数据中解决内生性问题依然存在一些限制，例如，在试图验证 X 和 Y 之间的因果关系时，尽管还存在 M 和 Z 等其他自变量可能同时影响 Y，然而这并不是需要关心的变量和关系，所以一般并不会考虑这些变量。因此，尽管遗漏变量是造成内生性问题的重要原因之一，在横截面数据的测量和分析中却无法对其进行测量。

目前学术界解决数据内生性的三种常见策略之一是增加控制变量（其他两种方法是工具变量法和增加比较单位检验）。本书遵循 Lu 等（2013）的做法，添加控制变量，这些变量不是替代变量偏倚的来源，而是为了削弱内生性的影响。如上文所述，企业的个体特征可能会影响管理者对可持续供应链策略的践行。因此，控制变量主要设定在企业规模、所有权类型和归属行业等要素上。

2. 未回答偏差和共同方法偏差

未回答偏差也称为无回答偏差，是指潜在答卷者有意或无意不回答问卷。有意不回答，主要是指被调查者拒绝访问或拒绝就某个问题给予回答，原因可能是问卷触及潜在答卷者的敏感点或应回避的问题。这种类型的不回答对于样本数据影响较大，即由于缺少某种类型的样本，而导致样本产生偏差。无意不回答则可能由于受访者疏忽而导致数据遗漏，这种类型的不回答对于整体样本的影响较小。为了检测这种未回答偏差，作者分两步进行，第一步，通过致电来确认未回答者的真实意图，结果表明，未回答者中很多都是因为遗忘或没有时间安排。第二步，通过 t 检验进行再次检查，一方面通过对比不同时间段收集到的样本（前 30 个样本数据和后 30 个样本数据）在对每个问题的回答上是否存在显著差异，经分析发现，这些变量在均值上并没有显著差异；另一方面，抽取相同数量的回答了问卷的企业及没有回答问卷的企业，对它们在企业规模、行业归属等企业基本信息方面进行对比，看是否有显著差异。随机抽取 30 份回收到的样本，并随机选取 30 家没有回答问卷的企业，将他们的基本资料进行对比分析，并未发现这些企业在行业和规模等方面存在显著差异。因此，未回答偏差并不是严重问题。

共同方法偏差是指由于使用相同的测量方法导致对样本数据所产生的系统性误差，这种误差是测量误差的主要来源，会严重影响变量之间的关系。由一个答卷者同时回答自变量和因变量的问卷是产生共同方法偏差最普遍也是最严重的原因之一。当答卷者同时回答预测变量和结果变量时，他们可能会对变量之间的关系进行一定的揣测和预想，这导致答卷者最终的数据只有一部分是变量之间真实的关系，还有一部分是答卷者主动对关系的揣测。因此，只有一个答卷者回答问题时，需要在设计问卷阶段对共同方法偏差进行预防，在回收数据后，对共同方法偏差进行检验。

对共同方法偏差进行预防的基本方法是需要确保各变量在语义上能够严格区分。本书涉及的四种可持续供应链实践类型、供应链数字化整合和供应链的信息技术、管理支持和财务支持等，以及它们的维度在概念上有较大差异，尤其是敏捷供应链实践和弹性供应链实践在测量指标选择时，也进行了严格区分（当前学术界很多学者认为，弹性供应链实践应该包含敏捷供应链实践），同时选取的答卷者都是了解或负责供应链运营的经理人，他们对问卷内容足够熟悉，因此从内容上避免了共同方法偏差的存在。在问卷收集回来后，可以使用哈曼单因素检验方法对共同方法偏差进行检验，具体的做法是，将所有的测量指标放入一个因子中，查看未旋转的因子分析的结果，如果第一个因子解释方差的比例很高（一般不能超过 25%），则说明存在共同方法偏差。本书对所有指标进行了未旋转的因子分析，结果表明，这些变量可以载荷到所需要的因子上（特征值大于 1），并且第一个因子的解释方差的比例为 23.588%，并不是很高，这表明共同方法偏差并不是一个严重的问题。

第四节　回归分析：基于结构方程模型的方法

一、信度和效度检验

信度（reliability）是指基于潜变量下的所有观测变量（测量指标）是否高度相关来衡量观测变量的内部一致性。简单来讲，信度代表了潜变量的所有观测变量是否测量的是同一个构念。当信度高时，意味着测量误差较小，潜变量与观测变量之间的关系就比较强，也就是说，潜变量对观测变量的代表度和解释度会比较高。因此，信度检验是问卷质量高低的一个重要指标。

通常用克朗巴哈 α 系数来检验一个潜变量下所有观测变量的内部一致性，克朗巴哈 α 系数可以看作是测量同一个结构变量的所有测量指标之间的平均相关系数。一般认为，克朗巴哈 α 系数值至少应该大于 0.6。在本书中，克朗巴哈 α 系数的结果如表 5-6 所示，所有变量的克朗巴哈 α 系数值都大于 0.8，因此，本书观测变量具有较好的信度。

表 5-6　克朗巴哈 α 系数

潜变量	指标数量	基于标准化项的克朗巴哈 α 系数
即时生产实践（LSCPJ）	6	0.899
质量管理实践（LSCPQ）	5	0.887
标准生产实践（LSCPW）	3	0.805
灵活实践（ASCPF）	5	0.815
速度实践（ASCPS）	4	0.911
主动弹性实践（RSCPP）	6	0.852
被动弹性实践（RSCPR）	4	0.822
供应商数字化整合（SEI）	4	0.900
内部数字化整合（IEI）	5	0.880
客户数字化整合（CEI）	4	0.916
供应商信息技术基础设施（SIT）	10	0.903
内部信息技术基础设施（IIT）	10	0.889
客户信息技术基础设施（CIT）	9	0.878

　　虽然信度很重要，但是信度高只是潜变量被准确测量的一个必要条件，还需要考虑测量的效度（validity）。效度是指观测变量对潜变量测量的准确度。效度通常包括内容效度（content validity）和构建效度（construct validity）。内容效度是指观测变量与潜变量在概念定义上的接近程度，即可以从观测变量的字面意思看出该观测变量属于哪个潜变量。例如，测量主动弹性实践的测量指标应该与管理者在意外事件或风险发生前的准备工作有关，而非意外事件或风险发生时或发生后的应对和恢复策略有关。内容效度一般由研究者和专家来判断。本书从两个方面对内容效度提供保证。首先，研究中所使用的观测变量和与之相关的潜变量大都来自发表在权威期刊的现有文献，内容效度基本已经得到前人研究的验证（即便缺少实证研究，在探索性因子分析中的主成分分析也符合当前研究的热点）；其次，通过与企业经理人和专家进行深入访谈，就每个问题进行沟通，了解他们的看法，判断观测变量是否与潜变量在概念上高度关联，并对产生歧义的措辞进行修改。

　　构建效度是指一组观测变量能够真实地测量理论上它们应该测量的潜变量的程度，反映了测量的准确度。构建效度可以从聚合效度（convergent validity）和区分效度（discriminant validity）两个方面衡量。聚合效度是指测量同一个潜变量的观测变量应该在该结构变量上聚合和收敛。聚合效度保证了观测变量与结构变量之间的高度相关。区分效度是指每个结构变量都能够与其他结构变量显著区分开。区分效度确保每个潜变量所代表的含义及所测量概念的唯一性。

验证性因子分析（Confirmative Factor Analysis，CFA）为聚合效度的检验提供了两种方法。第一种方法是通过观测变量到结构变量之间的因子载荷的大小来判断聚合效度，如果因子载荷很大（一般超过 0.5），并且所有因子载荷都显著，则认为聚合效度较好。本书中，所有观测变量的因子载荷都大于 0.5，并且所有的标准估计值都在 0.001 的显著性水平上显著，CFA 的拟合指标为 CHIN/df =1.86，RMSEA = 0.064（90 Percent C.I : 0.062–0.066），CFI = 0.908，TLI=0.895，Standardized RMR=0.059，说明观测变量的聚合效度较好（拟合指数范围参考表 5–7）。

表 5–7　拟合指数范围参考

指标	评价标准
CHIN/df	若 CHIN/df < 3，模型拟合可接受，CHIN/df< 2，模型拟合好
CFI	CFI > 0.90，模型较好（有学者认为大于 0.8 可接受）
TLI	TLI > 0.90，模型较好（有学者认为大于 0.8 可接受）
RMSEA	RMSEA < 0.08，越小，模型拟合较好
Standardized RMR	SRMR 小于 0.08 可以接受，越小越好（有学者认为是 0.05）
AVE	一般 > 0.5 水平
C.R.	P 值显著

第二种方法是通过平均抽取方差（Average Variance Extracted，AVE）的大小来检验聚合效度。AVE 代表了结构变量对它下面的一组观测变量解释的方差平均值。AVE 的算法是用每个结构变量下的观测变量的因子载荷的平方值加总，然后除以观测变量的数目。AVE 的数值越大，说明结构变量被这组观测变量测量得越准确。一般来讲，AVE 大于 0.5 则说明观测变量对结构变量具有很高的聚合效度。本书中各结构变量的 AVE 如表 5–8 所示。从表中可以看出，只有灵活实践 ASCPF 因子的 AVE 值略低于 0.5（0.4644），其他变量的 AVE 值都高于 0.5。因此，可以认为变量满足聚合效度的要求。区分效度的结果如表 5–9 所示。对角线为潜变量的 AVE 平方根，对角线左侧代表了所有结构变量的相关系数，通过对比发现，每个变量 AVE 的平方根都大于它与任何结构变量的相关系数，说明结构变量之间的区分效度是满足的。

表 5-8　验证性因子分析结果

标准化因素负荷

潜变量与观测指标	1	2	3	4	5	6	7	8	9	10	11	12	13	Mean	SD
即时生产与实践（LSCPJ）：CR=0.9018，AVE=0.6604															
LSCPJ1	0.867													3.327	1.860
LSCPJ2	0.773													3.701	1.674
LSCPJ3	0.795													3.801	1.783
LSCPJ4	0.797													3.341	1.780
LSCPJ5	0.787													3.611	1.746
LSCPJ6	0.636													3.408	1.883
质量管理实践（LSCPQ）：CR=0.8896，AVE=0.6903															
LSCPQ1		0.872												4.284	1.953
LSCPQ2		0.805												4.161	1.893
LSCPQ3		0.814												4.166	1.858
LSCPQ4		0.702												4.910	1.796
LSCPQ5		0.727												4.910	1.796
标准生产与实践（LSCPW）：CR=0.8067，AVE=0.5818															
LSCPW1			0.772											4.863	1.634
LSCPW2			0.771											4.711	1.634
LSCPW3			0.745											4.711	1.674

续表

潜变量与观测指标	标准化因素负荷													Mean	SD
	1	2	3	4	5	6	7	8	9	10	11	12	13		
灵活实践（ASCPF）：CR=0.8150，AVE=0.4644															
ASCPF1				0.750										4.924	1.419
ASCPF2				0.678										4.697	1.350
ASCPF3				0.609										4.431	1.431
ASCPF4				0.628										4.683	1.518
ASCPF5				0.751										5.000	1.384
速度实践（ASCPS）：CR=0.9115，AVE=0.7496															
ASCPS1					0.883									5.337	1.169
ASCPS2					0.869									5.412	1.173
ASCPS3					0.845									5.265	1.140
ASCPS4					0.796									5.507	1.021
主动弹性实践（RSCPP）：CR=0.8506，AVE=0.5671															
RSCPP1						0.795								4.479	1.500
RSCPP2						0.785								4.141	1.602
RSCPP3						0.673								4.962	1.555
RSCPP4						0.662								4.882	1.414
RSCPP5						0.660								4.749	1.390
RSCPP6						0.601								4.716	1.336
被动弹性实践（RSCPR）：CR=0.8253，AVE=0.653															
RSCPR1							0.917							4.209	1.584
RSCPR2							0.863							3.981	1.647

潜变量与观测指标	标准化因素负荷													Mean	SD
	1	2	3	4	5	6	7	8	9	10	11	12	13		
RSCPR3							0.611							4.374	1.561
RSCPR4							0.510							4.441	1.265
内部数字化整合（IEI）：CR=0.8803，AVE=0.596															
IEI1								0.708						5.175	1.455
IEI2								0.755						5.213	1.479
IEI3								0.863						4.976	1.617
IEI4								0.815						4.967	1.442
IEI5								0.613						4.995	1.554
供应商数字化整合（SEI）：CR=0.8988，AVE=0.692															
SEI1									0.819					4.142	1.756
SEI2									0.729					4.261	1.722
SEI3									0.905					3.882	1.732
SEI4									0.782					3.550	1.821
客户数字化整合（CEI）：CR=0.9112，AVE=0.72															
CEI1										0.814				4.502	1.749
CEI2										0.837				4.469	1.733
CEI3										0.803				3.791	1.873
CEI4										0.891				4.175	1.935
供应商信息技术基础设施（SIT）：CR=0.9000，AVE=0.6962															
SSIT1											0.867			3.820	1.891
SSIT2											0.787			3.265	1.894

续表

潜变量与观测指标	标准化因素负荷													Mean	SD
	1	2	3	4	5	6	7	8	9	10	11	12	13		
SSIT3											0.847			4.066	1.832
SSIT4											0.731			4.455	1.743
SSIT5											0.705			3.062	1.930
SSIT6											0.700			3.901	2.039
内部信息技术基础设施（IIT）：CR=0.8834，AVE=0.572															
IIT1												0.693		4.251	1.862
IIT2												0.782		5.000	1.794
IIT3												0.790		4.773	1.827
IIT4												0.650		3.455	2.010
IIT5												0.701		4.536	1.792
IIT6												0.662		4.891	1.671
IIT7												0.708		3.948	2.087
IIT8												0.582		3.133	1.957
客户信息技术基础设施（CIT）：CR=0.8687，AVE=0.6777															
CIT1													0.886	3.986	1.926
CIT2													0.855	4.223	1.811
CIT3													0.719	3.261	1.970
CIT4													0.642	4.526	1.800
CIT5													0.652	4.441	1.751

李克特量表测量标准：从未使用（完全不同意）（1）－显著使用（完全同意）（7）。

表 5-9 潜变量相关系数及区分效度检验

因子	1	2	3	4	5	6	7	10	11	12	16	17	18
LSCPJ	0.785												
LSCPQ	0.646***①	0.763											
LSCPW	0.508***	0.631***	0.679										
ASCPF	0.014	0.059	0.044	0.867									
ASCPS	-0.001	0.106	0.123	0.521***	0.751								
RSCPP	0.497***	0.384***	0.213**②	0.048	0.03	0.701							
RSCPR	0.158*③	0.102	0.02	0.183**	0.103	0.525***	0.853						
IEI	0.379***	0.259***	0.14*	0.12	0.081	0.392***	0.262***	0.832					
SEI	0.495***	0.325***	0.285***	-0.156**	-0.06**	0.517***	0.18**	0.420***	0.849				
CEI	0.402***	0.19**	0.16**	-0.048	0.047	0.51***	0.102	0.272***	0.631***	0.762			
SIT	0.380***	0.405***	0.183**	0.067	0.136*	0.446***	0.062	0.233***	0.411***	0.266***	0.834		
IIT	0.369***	0.329***	0.235***	0.099	0.144*	0.417***	0.098	0.336***	0.297***	0.166**	0.445***	0.756	
CIT	0.313***	0.314***	0.239***	-0.056	0.125*	0.416***	0.073	0.191**	0.456***	0.297***	0.669***	0.322***	0.823

① *** 表示 "P<0.001"。

② ** 表示 "P<0.05"。

③ * 表示 "P<0.01"。

二、模型检验方法

模型检验方法主要是结构方程模型分析和基于 Bootstrap 的中介效应分析，具体如下。

（一）结构方程模型

结构方程模型是用于检验多个变量之间关系的多元统计方法。与多元回归不同的是，虽然 SEM 也强调用一组方程来表示变量之间的关系，但是它可以同时估计多个自变量和多个因变量之间的路径，而回归分析只能估计多个自变量与一个因变量之间的关系。因此，SEM 对多个变量之间关系的检验是一种更有效率的方法。SEM 主要由测量模型和结构模型两部分组成，测量模型聚焦观测指标和潜变量之间的关系，而结构模型则强调的是不同潜变量之间的因果关系。本节按照观测模型和结构模型的顺序对变量之间的关系进行检验。

（二）中介效应检验

鉴于因果逐步回归检验法易于理解和操作，一直以来是学术界检验中介效应使用最多的方法，但是其存在的问题也很明显。如在一个典型的因果方程中，自变量系数是否显著并非中介检验的必要前提，因为在有些情况下，尽管系数不显著，但仍然存在实质的中介效应。MacKinnon 等（2000）根据自变量和因变量之间关系的方向和大小与加入中介变量之后间接效应的方向和大小进行交叉检验，认为中介变量可能存在四种情况：完全中介或完全混淆、部分中介或部分混淆、完全抑制，以及没有中介四种效应，其中，完全中介或完全混淆主要根据假设来判断，如果自变量和因变量之间存在因果关系，那么就认为中介变量扮演完全中介角色。温忠麟等（2014）也提出过遮掩效应的观点。而在实际中 c 不显著而存在实质性中介效应的情况非常普遍，所以逐步检验法将错过很多实际存在的中介效应。近年来，这种方法受到几乎一边倒的批评和质疑。有学者甚至呼吁停止使用依次（piecemeal）检验。

因此，本书改用检验效果更可靠的 Bootstrap 法直接检验系数乘积的显著性。Bootstrap 并不需要分布假设的前提，因此可以避免系数的乘积检验可能违反假设的问题，而且该方法不依赖标准误所以避免了不同标准误公式产生结果不一致的问题。模拟研究发现，与其他中介效应检验方法相比，Bootstrap 具有较高的统计效力。因此，Bootstrap 法是比较理想的中介效应检验法。Mplus 软件是应用 Bootstrap 法处理中介效应较为理想的软件（王孟成，2014）。

三、信息技术体系与精益 – 敏捷 – 弹性供应链管理实践关系检验

（一）测量模型

测量模型描述了观测变量和潜变量之间的关系，测量模型最主要的作用是对变量的信度和效度进行检验。在前文的数据质量检验中，研究通过整体验证性因子分析法对所有潜变量进行检验，整体的信度和效度符合进一步研究的要求。接下来将对信息技术基础设施、数字化整合和 L–A–R 供应链管理实践关系中涉及的潜变量进行测量模型拟合度检验。在模型中加入供应链上信息技术基础设施资源（供应商信息技术基础设施、内部信息技术基础设施和客户信息技术基础设施）、供应链数字化整合（供应商数字化整合、内部数字化整合和客户数字化整合）、精益供应链实践（即时生产实践、质量管理实践和标准生产实践）、敏捷供应链实践（速度实践和灵活实践）和弹性供应链实践（主动弹性实践和被动弹性实践）等变量进行验证性因子分析，结果如表 5–10 所示。可以看出，所有的拟合指标都满足进一步分析要求。

表 5–10　模型拟合指数（第一个模型）

模型拟合指标	模型拟合评价标准	拟合结果
CHIN/df	若 CHIN/df < 3，模型拟合可接受，CHIN/df< 2，模型拟合好	1.691
CFI	CFI > 0.90，模型较好（有学者认为大于 0.8 可接受）	0.918
TLI	TLI > 0.90，模型较好（有学者认为大于 0.8 可接受）	0.907
RMSEA	RMSEA < 0.08，越小，模型拟合较好	0.057
Standardized RMR	SRMR 小于 0.08 可以接受，越小越好（有学者认为是 0.05）	0.059

（二）高阶变量测量

在验证性因子模型中，一般将与测量指标直接相连的因子称作一阶或低阶因子，在一阶因子之上，对低阶因子产生影响的因子称作二阶或高阶因子。当一阶或低阶验证性因子模型的拟合数据比较好且因子之间的相关系数接近或超过 0.5 时，采用高阶（或二阶）因子模型是比较合适的。比如本书中，使用精益供应链实践来解释三个一阶因子——即时生产实践、质量管理实践和标准化实践，较为符合学术界对精益供应链实践的内涵界定，即二阶因子精益供应链实践可以从理论上反映三个一阶因子。在解释上，高阶模型和低阶模型也存在差异，低阶模型表示若干个彼此相关的低阶因子，每个因子虽然相关，但是仍然相互独立，而高阶模型表示，这个高阶因子有若干个核心成分，每个成分都表现出一定特征的行为，这些行为虽然有差异，但仍然为同一潜变量的外显表现。使用高阶模型应回

到"理论支持"和"模型简约考量"这两个原则。

在实践中，往往研究者假设的理论模型都是高阶单因子模型，但最终却保留低阶相关因子模型，这种做法显然是数据驱动的，而非理论驱动的。二阶验证性因子模型的识别规则和一阶模型类似。一般情况下，往往存在多个（3个及以上）一阶因子时会更多考虑二阶模型，因此模型此时会正好拟合。然而也有学者指出，两个一阶因子也是可以拟合的，只要设定两个一阶因子负责固定相同即可。

本书在文献研究中明确指出，精益供应链实践、敏捷供应链实践、弹性供应链实践都应属于高阶变量，而信息技术基础设施和供应链数字化整合反而被学者们认为应该分开研究，以区别供应链内部、上下游之间的不同差异，故应首先对三种可持续供应链实践进行高阶构念测量。

1. 精益供应链实践的二阶变量检验

首先对三个一阶因子——即时生产实践（LSCPJ）、质量管理实践（LSCPQ）和标准生产实践（LSCPW）进行相关系数检验，判断相关系数能否满足二阶因子的条件，由表5-11可知，该条件满足，三个一阶因子彼此间的相关系数都超过0.5，因此可以考虑进行高阶因子分析；其次，对二阶因子精益供应链实践进行模型拟合指数检验，判断拟合指数优劣，由于精益供应链实践是三个一阶因子，因此，二阶因子模型拟合指数应该与三个一阶因子模型相同，都能够满足分析要求。

表5-11 精益供应链实践相关一阶因子和二阶因子模型

一阶因子 CFA 模型拟合指数		二阶因子 CFA 模型拟合指数	
CHIN/df=180.053/73		CHIN/df=39.306/73	
RMSEA=0.083		RMSEA=0.082	
CFI=0.939		CFI=0.940	
TLI=0.925		TLI=0.925	
SRMR=0.057		SRMR=0.056	
一阶因子	LSCPJ	LSCPQ	LSCPW
即时生产实践（LSCPJ）	—		
质量管理实践（LSCPQ）	0.646***[1]	—	
标准生产实践（LSCPW）	0.508***	0.631***	—

① 显著性：*** 表示"$P<0.001$"。

2. 敏捷供应链实践的二阶变量检验

理论上认为，敏捷供应链实践可以反映在"灵活实践和速度实践"两个核心内涵上，因此，尝试对敏捷供应链实践进行二阶因子检验，检验方法与精益供应链实践一致。两个一阶因子的相关系数为0.521，且拟合指标优秀，满足二阶因子测量的基本要求。在二阶因子测量时，由于只有两个一阶因子，为了拟合验证性因子模型，需要将二阶因子负荷固定，最终拟合指标相对于一阶因子拟合指标略有提升。因此可以在本书中将敏捷供应链实践视为一个二阶因子进行后续分析，表5-12证实了这一结果。

表5-12　敏捷供应链实践相关一阶因子和二阶因子模型

一阶因子 CFA 模型拟合指数		二阶因子 CFA 模型拟合指数
CHIN/df=39.269/26		CHIN/df=39.306/27
RMSEA=0.049		RMSEA=0.046
CFI=0.986		CFI=0.987
TLI=0.980		TLI=0.980
SRMR= 0.033		SRMR= 0.033
一阶因子	ASCPF	ASCPS
灵活实践（ASCPF）	—	
速度实践（ASCPS）	0.521***[①]	—

① 显著性：*** 表示"$P<0.001$"。

3. 弹性供应链实践的二阶变量检验

从理论上来说，弹性供应链实践同样可以被视为一个二阶因子。与敏捷供应链实践的判别和操作方法类似，经过验证性因子模型分析，两个一阶因子的相关系数为0.525，且拟合指标优秀，满足二阶因子测量的基本要求（表5-13）。在测量二阶因子时，由于只有两个一阶因子，为了拟合验证性因子模型，需要将二阶因子负荷固定，最终拟合指标相对于一阶因子拟合指标略有提升，因此可以在本书中将弹性供应链实践视为一个二阶因子进行后续分析。

表5-13　弹性供应链实践相关一阶因子和二阶因子模型

一阶因子 CFA 模型拟合指数		二阶因子 CFA 模型拟合指数
CHIN/df= 54.601/33		CHIN/df=58.225/34
RMSEA=0.056		RMSEA=0.053
CFI=0.974		CFI=0.978
TLI=0.964		TLI=0.966
SRMR= 0.045		SRMR= 0.043
一阶因子	ASCPF	ASCPS
主动弹性实践（RSCPD）	—	
被动弹性实践（RSCPR）	0.525***[①]	—

①显著性：*** 表示"$P<0.001$"。

（三）结构方程模型检验

使用 Mplus 8.3 软件，基于最大似然估计法（Maximum Likelihood Estimation，MLE）对结构模型进行验证。信息技术基础设施、数字化整合、精益供应链实践、敏捷供应链实践和弹性供应链实践之间关系的结构模型的结果如表 5-14 所示，表中路径系数为标准化后的结果。所有的拟合指标符合 Hu 等（1999）的建议（TLI 为 0.891，近似 0.9 水平），因此，基础结构方程模型是可以接受的。

具体来讲，供应商数字化整合和内部数字化整合分别显著影响精益供应链实践，路径系数为 0.391*** 和 0.138*，这意味着，如果企业与供应商有更高水平的供应商数字化整合能力，那么会显著积极推进精益供应链实践，内部的数字化整合水平越高，企业的生产效率越高，越能推动企业即时生产、质量管理实践和标准化生产。

敏捷供应链实践同样受到供应商数字化整合和内部数字化整合的影响，在前文的假设中认为，数字化整合能力越高，可能存在两种影响，一种是积极的，一种是消极的，结构方程模型验证了这一观点，根据分析结果，供应商数字化整合的路径系数为 -0.374**，内部数字化整合对敏捷供应链实践的路径系数为 0.201*。当企业与供应商之间存在较高水平的数字化整合水平时，会显著削弱企业推动敏捷供应链实践的动力，让企业缺失"腾挪空间"，最终阻碍企业的敏捷实践，无法灵活地改变生产流程，同样无法践行灵活的供应策略。然而，当企业内部拥有较高的数字化整合能力时，企业能够充分且快速地调动内部资源改变生产流程，灵活应对生产变化，因此，内部数字化整合对精益供应链实践有积极的推动作用，也符合现实。

在弹性供应链实践方面，也受到企业内部和企业与上下游之间的数字化整合的积极影响。其中，企业拥有与供应商之间较强的数字化整合能力，会显著促进弹性供应链实践（0.265**），企业内部拥有较强的数字化整合能力，会显著推动弹性供应链实践（0.265**），企业与客户之间较高的数字化整合水平也会正向影响弹性供应链实践（0.384***）。这说明，企业在构建数字化整合能力时，内部和上下游都不能忽视。

研究确认，企业在面向供应商时采用的信息技术基础设施正向影响企业与供应商数字化整合能力的构建（0.432***），企业内部投资信息技术基础设施也是形成内部数字化整合的重要前提（0.336***），企业将信息技术和系统应用在客户层面，也显著提升了与客户数字化整合能力（0.309***）。

表5-14 供应链上信息技术基础设施、数字化整合与L-A-R供应链实践的基础实践的基础结构方程模型检验

变量列表		因变量											
		精益供应链实践		敏捷供应链实践		弹性供应链实践		供应商数字化整合		内部数字化整合		客户数字化整合	
		路径系数	P值	路径系数	P值	路径系数	P值	路径系数	P值	路径系数	P值	路径系数	P值
控制变量	企业经营年限	0.114	0.180	−0.019	0.862	0.074	0.482	—	—	—	—	—	—
	企业所有权类型	−0.081	0.225	0.013	0.883	−0.043	0.621	—	—	—	—	—	—
	员工总数	−0.054	0.639	−0.174	0.250	−0.109	0.441	—	—	—	—	—	—
	归属行业	0.027	0.688	−0.156*	0.074	0.092	0.268	—	—	—	—	—	—
	固定资产	−0.130	0.223	−0.004	0.977	0.065	0.629	—	—	—	—	—	—
	年销售额	0.291**	0.005	0.128	0.343	0.017	0.894	—	—	—	—	—	—
自变量	供应商数字化整合	0.391***	0.000	−0.374**	0.002	0.265**	0.042	—	—	—	—	—	—
	内部数字化整合	0.138*	0.084	0.201*	0.052	0.265**	0.008	—	—	—	—	—	—
	客户数字化整合	0.119	0.232	0.099	0.396	0.384***	0.001	—	—	—	—	—	—
	供应商信息技术基础设施	0.125	0.415	0.213	0.295	0.068	0.723	0.432***	0.000	—	—	—	—
	内部信息技术基础设施	0.179	0.132	0.079	0.620	0.216	0.142	—	—	0.336***	0.000	—	—
	客户信息技术基础设施	−0.060	0.637	−0.067	0.687	0.032	0.835	—	—	—	—	0.309***	0.000

注 1. 将供应商数字化整合、内部数字化整合和客户数字化整合视为因变量以测量三种信息技术基础设施针对性的影响（一一对应）。

2. 模型拟合信息：χ2/df = 4073.152/2350 = 1.733；CFI = 0.900；TLI = 0.891；RMSEA = 0.059（90 Percent C.I.: 0.056−0.062）。

3. P值及星标含义：* 表示 P<0.1，** 表示 P<0.05，*** 表示 P<0.001。

与此同时，还确认了一个观点，即当前可持续供应链管理中应从"资源"视角转向"整合"能力视角，即为了解决投资信息技术资源的"技术陷阱"，应重视数字化整合。结构方程模型显示，信息技术基础设施并不能推动精益供应链实践、敏捷供应链实践和弹性供应链实践（路径系数全部不显著），所以怀疑数字化整合在信息技术基础设施和三种实践之间可能存在"完全中介效应"（MacKinnon et al.，2000），即信息技术设施投资必须转化为数字化整合能力方能对实践产生影响。

此外还发现，企业规模中的年销售额显著积极影响精益供应链实践（0.291**），而企业的归属行业则消极影响敏捷供应链实践（–0.156*）。

（四）Bootstrap 检验

在确定最佳拟合模型后，使用偏差校正的 Bootstrap 法对中介路径进一步检验。Bootstrap 对中介效应的检验模拟了从总体中随机抽取大量样本的过程。使用这种方法时，原始样本被视为 Bootstrap 抽样的总体，经过对原始样本多次的有放回重复抽样，来大量抽取 Bootstrap 样本并获得统计量。在对中介效应的检验中，这种方法比需要满足正态假设且计算复杂，使用不便的索贝尔（sobel）检验更具优越性。因此，本书选用 Bootstrap 对中介效应路径进行检验，结果如表 5–15 所示。

从表 5–15 可知，供应商数字化整合在供应商信息技术基础设施到精益供应链实践的路径中扮演着积极的中介效应（总间接效应为 0.144**），供应商数字化整合在供应商信息技术基础设施到敏捷供应链实践路径中扮演消极的中介角色（总间接效应为 –0.172**），而在信息技术基础设施影响弹性供应链实践中，企业与供应商和客户的数字化整合、企业内部数字化整合都存在中介效应（总间接效应分别为 0.154*、0.113** 和 0.082*），其中，企业内部数字化整合的中介效应非常微弱。

通过测量供应链数字化整合的中介效应可以发现，在大多数情况下，企业与供应商之间的信息技术基础设施投资能够更好地通过转化为数字化整合这种联结和协作能力提升可持续供应链实践。如果企业追求与上下游企业构建弹性生产时，那么企业投资与客户之间的信息技术基础设施也要通过转化为数字化整合能力才能更好发挥信息技术资源的优势，避免"技术陷阱"。

表 5–15 供应链数字化整合的中介效应检验（Bootstrap 法）

模型路径	基本模型		中介模型	
	路径系数	P 值	路径系数	P 值
因变量为精益供应链实践				
模型拟合信息：χ 2/df=2.26；CFI=0.901；TLI=0.889；RMSEA=0.076；SRMR=0.082				
供应商数字化整合→精益供应链实践	0.391***	0.000	0.332**	0.032

续表

模型路径	基本模型		中介模型	
	路径系数	P 值	路径系数	P 值
内部数字化整合→精益供应链实践	0.138*	0.084	0.113	0.244
客户数字化整合→精益供应链实践	0.119	0.232	0.019	0.871
供应商信息技术基础设施→精益供应链实践	0.125	0.415	0.183	0.345
内部信息技术基础设施→精益供应链实践	0.179	0.132	0.148	0.351
客户信息技术基础设施→精益供应链实践	−0.060	0.637	−0.026	0.868
供应商信息技术基础设施→供应商数字化整合	0.432***	0.000	0.432***	0.000
内部信息技术基础设施→内部数字化整合	0.336***	0.000	0.358***	0.000
客户信息技术基础设施→客户数字化整合	0.309***	0.000	0.312***	0.000
以下为中介效应检验				
供应商数字化整合的总间接效应	—	—	0.144**	0.037
内部数字化整合的总间接效应	—	—	0.041	0.281
客户数字化整合的总间接效应	—	—	0.006	0.874
因变量为敏捷供应链实践				
模型拟合信息：χ2/df=2.20；CFI=0.901；TLI=0.890；RMSEA=0.075；SRMR=0.075				
供应商数字化整合→敏捷供应链实践	−0.374**	0.002	−0.403***	0.000
内部数字化整合→敏捷供应链实践	0.201*	0.052	0.242**	0.014
客户数字化整合→敏捷供应链实践	0.099	0.396	0.124	0.253
供应商信息技术基础设施→敏捷供应链实践	0.213	0.295	0.211	0.312
内部信息技术基础设施→敏捷供应链实践	0.079	0.62	0.051	0.761
客户信息技术基础设施→敏捷供应链实践	−0.067	0.687	−0.046	0.786
供应商信息技术基础设施→供应商数字化整合	0.432***	0.000	0.432***	0.000
内部信息技术基础设施→内部数字化整合	0.336***	0.000	0.358***	0.000
客户信息技术基础设施→客户数字化整合	0.309***	0.000	0.312***	0.000
以下为中介效应检验				
供应商数字化整合的总间接效应	—	—	−0.172**	0.007
内部数字化整合的总间接效应	—	—	0.068	0.127
客户数字化整合的总间接效应	—	—	0.030	0.411
因变量为弹性供应链实践				
模型拟合信息：χ2/df=2.21；CFI=0.912；TLI=0.900；RMSEA=0.076；SRMR=0.083				
供应商数字化整合→弹性供应链实践	0.265**	0.042	0.355*	0.053
内部数字化整合→弹性供应链实践	0.265**	0.008	0.228*	0.054
客户数字化整合→弹性供应链实践	0.384***	0.001	0.361**	0.006
供应商信息技术基础设施→弹性供应链实践	0.068	0.723	0.076	0.764

续表

模型路径	基本模型		中介模型	
	路径系数	P 值	路径系数	P 值
内部信息技术基础设施→弹性供应链实践	0.216	0.142	0.232	0.208
客户信息技术基础设施→弹性供应链实践	0.032	0.835	0.005	0.981
供应商信息技术基础设施→供应商数字化整合	0.432***	0.000	0.433***	0.000
内部信息技术基础设施→内部数字化整合	0.336***	0.000	0.358***	0.000
客户信息技术基础设施→客户数字化整合	0.309***	0.000	0.312***	0.000
以下为中介效应检验				
供应商数字化整合的总间接效应	—	—	0.154*	0.063
内部数字化整合的总间接效应	—	—	0.082*	0.074
客户数字化整合的总间接效应	—	—	0.113**	0.015

（五）假设检验结果

从表 5-16 可以看出，在本模型提出来的九个假设中，有四个假设得到了支持，两个假设得到了部分支持，还有三个假设被拒绝。其中，供应链上信息技术基础设施（供应商信息技术基础设施、内部信息技术基础设施和客户信息技术基础设施）并不能直接积极影响精益供应链实践、敏捷供应链实践和弹性供应链实践，但是却对供应链上数字化整合有着显著且积极的影响，具体讲，企业投资与供应商相关的信息技术基础设施正向影响企业面向供应商的数字化整合，企业投资内部信息技术基础设施积极影响内部数字化整合，企业与客户相关的信息技术基础设施则可以提升企业面向客户数字化整合的水平；在中介效应检验方面，供应链上信息技术基础设施（供应商信息技术基础设施）部分通过供应链数字化整合（供应商数字化整合）来推进精益供应链实践，供应链上信息技术基础设施（供应商信息技术基础设施）部分通过供应链数字化整合（供应商数字化整合）来推进敏捷供应链实践，企业在供应链上的信息技术基础设施投资通过供应链数字化整合来推进弹性供应链实践。同时特别指出，虽然模型中供应商数字化整合和内部数字化整合在推动敏捷供应链实践时扮演相反的角色，但是在中介效应检验时，仅验证了供应商数字化整合的消极影响（H3b-2）。

表 5-16　假设检验结果

假设	显著性	检验结果
H1a：企业投资信息技术基础设施将积极推动精益供应链实践	不显著	拒绝
H1b：企业投资信息技术基础设施将积极推动敏捷供应链实践	不显著	拒绝
H1c：企业投资信息技术基础设施将积极推动弹性供应链实践	不显著	拒绝

续表

假设	显著性	检验结果
H2a：企业投资与供应商相关的信息技术基础设施将积极影响供应商的数字化整合能力	P值显著	支持
H2b：企业投资于内部的信息技术基础设施将积极影响企业内部的数字化整合能力	P值显著	支持
H2c：企业投资与客户有关的信息技术基础设施将积极影响客户的数字化整合能力	P值显著	支持
H3a：供应链数字化整合在信息技术基础设施与精益供应链实践之间发挥着积极的中介作用	P值部分显著	部分支持
H3b（1-2）：H3b-1，供应链数字化整合在信息技术基础设施与敏捷供应链实践之间发挥着积极是中介作用。H3b-2，供应链数字化整合在信息技术基础设施与敏捷供应链实践之间发挥着消极的中介作用	P值部分显著	部分支持
H3c：供应链数字化整合在信息技术基础设施与弹性供应链实践之间发挥着积极的中介作用	P值显著	支持

第五节　研究结论

一、信息技术对精益供应链实践的影响机制

（一）重视企业内部、企业与供应商间的数字化整合以提升精益供应链实践

本书分别讨论了供应链上信息技术基础设施和数字化整合在推动精益供应链实践时的作用机制，以及信息技术基础设施与数字化整合之间的关系。具体讲，企业在内外部投资的信息技术基础设施并不能对精益供应链实践产生直接显著的影响，企业对供应链上信息技术基础设施的投资可以影响供应链数字化整合能力，即企业与供应商和客户之间的相关投资显然可以促进企业与供应商、客户之间的数字化整合水平，企业内部投资信息技术基础设施，也能提升内部的数字化整合能力。而且，企业与供应商数字化整合能力越强，精益供应链实践运行越顺畅，企业内部数字化整合水平越高，企业内部践行精益供应链实践策略的效率也越高，但是，企业与客户之间的数字化整合并不能显著推动企业在供应链上的精益实践。

从精益实践的测量指标来看，与客户相关的精益实践主要涉及下达订单、及时交货和客户需求响应方面，而这些实践的表现主要依赖于企业是否能够按时、按需求生产，也就是说，更多的精益实践是通过客户需求传导到企业内部的精益生产和企业与供应商之间的精益供应上，企业内部如看板管理和准时生产、统计

过程质量控制、质量管理等，供应商也要确保及时供应、企业的生产过程保持同步生产质量保持一致等，而企业与客户之间构建较高水平数字化整合、建立密切的联结并没有特别显著的影响，企业与客户之间也并不需要投资过多的信息技术。

（二）企业与供应商数字化整合的中介效应

进一步讲，根据检验中介效应的方法，研究发现，虽然企业投资信息技术基础设施与精益供应链实践之间没有显著的直接关系，但是在推动精益供应链实践的过程中，数字化整合在供应链上信息技术基础设施与精益供应链实践之间存在中介效应的可能。

通过 Bootstrap 法检验中介效应后发现，企业与供应商之间数字化整合在企业与供应商信息技术基础设施与精益供应链实践之间存在中介效应。根据本书的假设，供应商数字化整合具有完全中介效应。企业与供应商之间的信息技术基础设施投资需要全部转化为与供应商之间的数字化整合这种特殊能力，以提升企业与供应商之间的联结和协作强度，进而推动企业在供应链上的精益实践。而企业内部的数字化整合能够直接影响企业推进精益供应链实践，但是却没有扮演中介效应，可能是因为企业内部根据生产流程和生产需求投资了信息技术相关设施，这些技术或系统如企业资源计划、内部的仓储系统、物资调配和需求管理等都是企业在生产运营过程中必需的，企业一旦投资，自然而然就与流程契合，内部各个部门可以很容易掌握这种能力以协调企业生产资源，以完成基于精益原则的实践。因此，相对于企业对内部信息技术基础设施的转化，在践行精益供应链实践时，企业与供应商之间的信息技术基础设施投资并不容易控制，要想转化为数字化整合的能力，需要企业与供应商之间的配合。

总的来说，企业如果践行精益供应链实践策略，一方面需要努力与供应商配合，将投资于上游的信息技术设施深度集成在交易、信息流通、资金传输、库存等方面，构建与供应商之间的数字化整合能力才能有效地推动精益实践，即企业与供应商之间的数字化整合存在企业对供应商投资信息技术基础设施的完全中介效应；另一方面，在模型检验中发现，虽然企业内部信息技术基础设施的引入也可以推动内部各部分之间的数字化整合水平，但企业内部数字化整合并不存在中介效应，而是直接推动精益供应链实践的运行，可能的解释是，与企业投资给上游企业的信息技术设施相比，企业内部员工拥有信息技术和系统后，自然与流程契合，甚至直接就是优化后的业务流程。

二、信息技术对敏捷供应链实践的影响机制

（一）重视企业内部数字化整合以积极影响供应链敏捷实践

虽然学者们曾认为，对信息技术基础设施的投资是践行敏捷供应链实践至关重要的一步，如企业通过信息技术来识别、收集、分析市场信息，协助企业快速改变内外部业务流程和组织结构，迅速灵活地应对市场或需求变化，还可以利用其信息技术设施推动大规模的定制和个性化实践。但学术界和企业界也有了新的认知，认为信息技术基础设施仅作为企业构建内外部数字化联结的基础，企业除了花费大量的金钱投资信息技术设施，还会将这些技术和系统融入生产流程、内部组织和上下游服务框架中，以构建数字化整合这种独特的技能。本书通过实证验证了企业投资内部及上下游合作伙伴之间的信息技术基础设施都会对数字化整合起着显著的积极作用，而且和企业践行精益供应链实践时信息技术基础设施扮演的角色一样，企业内外的信息技术基础设施投资并不能直接影响敏捷供应链实践，但是企业内部与上游供应商之间的数字化整合则直接影响企业的敏捷供应链实践。但是，这种影响并不全是积极的。

当企业内部拥有较高水平的数字化整合时，一旦客户需求出现变化，各部门之间能够快速、一致获得这种变化，并灵活调整生产流程，在原料充足的情况下，改变生产资料配给，及时完成客户的需求。较高的沟通效率和信息传输速度让企业各职能部门之间密切协作，实现企业面向客户的敏捷生产和供货。

（二）敏捷实践中需警惕与供应商深度整合的负面效应

然而，企业与供应商之间拥有较高水平的数字化整合时，可能会"僵化"合作关系，让企业缺失"腾挪空间"，如无法灵活地改变原材料供给，最终阻碍企业的敏捷实践。尤其当企业处于供应链中的劣势地位，受制于核心供应商，在面临客户需求变化和市场变化时，及时调整供应品类和产线结构，势必会给上游供应商带来成本和时间上的消耗，因此，企业上游的供应商不会轻易配合（拥有稀有资源的供应商往往拥有讨价还价的权力和资本），更不用谈企业对核心供应商建立灵活供应策略和评估机制。资源依赖理论对此有较好的解释，当企业与供应商之间存在高水平的数字化整合时，不但代表企业运用信息技术整合与上游供应商的业务流程，构建高水平联结的能力，潜在地，它还表示企业不会或不能轻易地更换供应商。实证研究结果也验证了一些学者对于企业与供应链合作伙伴间紧密的关系背后可能存在一些"黑暗面"的观点。

同样地，在中介效应检验中，企业与供应商数字化整合在企业对供应商的信息技术基础设施投资和敏捷供应链实践之间同样扮演着完全"中介角色"，即当

企业与供应商之间的信息技术基础设施资源转化为企业与供应商的数字化整合能力后，信息技术基础设施资源的"技术陷阱"则完全通过企业与供应商之间更加紧密的联结来体现。企业应该特别警惕与供应商之间存在的高水平数字化整合，尤其是当企业面对的客户需求和市场不断变化时，企业应主动弱化与上游供应商的联结，提前做好多供应策略，通过强调内部的电子化协同工作来实现对需求的快速改变和生产流程的快速调整。

三、信息技术对弹性供应链实践的影响机制

（一）重视企业内外部数字化整合

践行弹性供应链实践意味着企业除了与上下游供应商共享生产、需求和销售信息，做好备份供应商策略，主动进行安全库存管理，还要及时感知意外事件和风险并采取合适的应对措施，以最小的代价恢复生产。这些实践需要企业通过内外部紧密的协作，来对企业在供应链上的生产经营状况进行准确的预测、分析和干预，而紧密的协作离不开企业运用先进的信息技术进行统筹资源和优化流程的能力。结构方程模型的结果显示，企业投资于内外部的信息技术基础设施并不能显著影响弹性供应链实践活动，但是企业通过投资信息技术基础设施资源可以将其应用在优化组织内外部流程、协调资源，以构建更紧密的内外部联结的能力，这种特殊的能力可以直接推动弹性供应链实践的实施，研究结果也符合学者们的预期。

具体来讲，企业投资内部的信息技术设施可以提升企业内部的数字化整合，而内部的数字化整合可推动企业的弹性供应链实践，比如通过内部的快速生产计划调整和生产资料重配来应对临时缺货或其他意外情况。企业投资在供应商和客户之间的信息技术基础设施转化为与供应商和客户之间的数字化整合能力后，可以构建更加紧密的上下游联结，更好地了解客户需求及供应商原材料状况，也能及时将企业生产状况反馈给供应商和客户，较高的运营流程清晰度也缩短了企业面对紧急事件时的反应时间，同时也可以让供应商及时调整供应策略，并让客户及时调整市场计划甚至增加备用供应计划，如当企业出现火灾造成产线和原材料损毁时，企业一方面可及时通过供应商增加原材料供给；另一方面也可要求客户及时进行备用供应商启动（很多客户都会在供应链中构建多供应商策略）。因此，企业内外部的信息技术基础设施投资是不可缺少的，但投资之后需要努力将这些基础设施转化为企业拥有的高阶数字化整合能力。

（二）兼顾企业内外部数字化整合的中介效应

在弹性供应链管理的文献中，对信息技术的作用机制探索文献相对较少，实

证研究验证了信息技术基础设施并不能显著推动企业的弹性供应链实践，但是企业通过运用基础设施提升数字化整合能力后，能直接推动企业的弹性供应链实践。本书同样通过 Bootstrap 法对这种可能的"中介效应"进行检验，结果显示，供应链数字化整合在内部、上下游之间都扮演着完全的中介效应。

具体而言，如果企业通过内外部的信息技术基础设施投资来构建自己的内外部数字化整合能力后，这种特殊的内外部整合能力会完全将信息技术资源转化为推进企业弹性供应链实践的动力，在基础模型中，企业的信息技术基础设施资源会影响企业的内外部数字化整合水平，而这种数字化整合能力会积极影响弹性供应链实践的发展。但在现实中，企业一旦拥有数字化整合能力后，企业内外部的信息技术投资的价值体现在于数字化整合能力的转化程度，这种转化程度越高，企业花费大量资金投资的信息技术基础设施可获得的效益就越高。

第六章　绿色供应链管理实践中信息技术的作用路径

第一节　研究介绍

　　日益严重的环境问题使企业在可持续发展问题上采取了预防措施。随着更严格的法规，高水平的商业竞争和日益增加的公众压力，绿色供应链实践被认为是最重要的"环境管理方法"之一。与供应链上的精益实践、敏捷实践和弹性实践不同，一直以来，在供应链上践行绿色实践策略都是可持续供应链管理的核心内容。

　　前人的研究深刻揭示了绿色供应链实践的益处和重要性。例如，Yildiz Çankaya 等（2019）研究了绿色供应链实践对供应链可持续性三个维度（经济绩效，环境绩效和社会绩效）的影响。那么，是否所有公司都在努力践行绿色供应链策略以实现巨大收益？显然，答案是否定的。事实上，Liu 等（2012）发现绿色供应链策略尚未被广泛采用。因此，学者们开始将研究重点放在影响企业绿色供应链实践的因素上。在某种程度上，关于是否实施绿色供应链策略的讨论已被关于如何鼓励更多公司践行绿色供应链策略和在更深层次上推动绿色供应链实践的讨论所取代。

　　在探索性案例分析中，通过对 HW 公司和 FR 公司的案例研究发现，HW 公司一直试图推进更广泛和更深层次的信息技术基础设施应用（根据研究，对照德国"工业 4.0"标准，HW 的数字化、智能化和集成化还停留在 3.2 水平），构建基于信息技术基础设施的"黑土地"，这背后蕴含了两个层面的期望：一方面，主营业务为生产和制造信息技术基础设施的 HW 公司，希望全球范围内的民众、企业都能最大限度地享受到信息技术基础设施带来的便利，信息技术基础设施的广泛分布可以促进民众生活便利化与企业创新能力提升；另一方面，HW 公司认为，在努力实现可持续供应链目标时，只有将信息技术基础设施应用到供应链全流程，构建数字化整合环境，才能给绿色供应链实践这个最核心的可持续供应链管理策略提供肥沃的"黑土地"，如果沟通不及时、目标不统一、协作不顺畅，这个过程往往"事倍功半"。而对 FR 公司的深入访谈让我们了解到，与其他三种供应链实践方式相比，绿色供应链实践需要企业投入额外的人力、物力和财力，然后在高度紧密的供应链联结环境下才能实现整个供应链的环保目标。这也是为什么企业在践行绿色供应链策略时困难重重，且不易深入的关键因素，绿色供应链管理是四种可持续供应链管理中唯一有法律法规要求的管理模式。只有人力、物力和财力要素全部准备就绪，供应链内外再通过高水平的整合（基于信息技术基础设施的供应链数字化整合），才能实现这些要素在推动绿色供应链实践时的最大效益。De Camargo Fiorini 等（2017）也支持这一观点，他们认为企业通过信息技术提升整合水平，可以为绿色供应链实践提供一种环境，在这种环境下，企业内外部业务的效率和效力会大大提升。学术界对绿色供应链实践进行了较为深入探索后也认可以上观点，除来自政府层面的法律法规压力，利益相关者和监管机构的压力及企业本身对环境保护的愿景之外，多数研究都表明，绿色供应链策略的成功实施还取决于管理方面的要素，例如，最高层和中层的承诺、全面的环境质量管理等，这些要素统一称为"管理支持"。

显然，管理支持不仅可以从上往下确保目标的一致性，还可以通过内部政策的倾斜来推动绿色实践。然而，现实中推进绿色供应链实践仍然面临许多困难，一些学者早就意识到材料、环保产品和包装成本是绿色供应链实践的关键阻碍。企业（尤其是中小型企业）仍然会由于短期利益或未来的成本利益，不愿对绿色供应链进行投资，在探索性案例分析中对 FR 公司的分析也说明了这一点。遗憾的是，学者们长期以来都忽略了对财务支持作用机制的探索，当前文献中缺乏财务支持与绿色供应链之间关系的实证研究。

管理支持和财务支持是企业在践行绿色供应链实践策略时首先需要投入的两大要素。绿色供应链实践需要大量的内部和外部协调以营造更加透明的环境，而供应链数字化整合，这种代表供应链内外部协调和整合的能力，可以让两大要素在践行绿色实践时发挥最大效能。

然而，在供应链管理领域，学者们对紧密的组织内外部关系管理可能带来的阴暗面也越来越关注。资源依赖理论认为，依赖不对称导致的权力不对等会促使企业通过行动或战术策略来增强自己的自主权，从而影响他方行为，而供应链数字化整合可以被视为一种扩展组织控制和通过"权力－依赖关系"进行交换来管理资源的新型协作模式，显然这种环境的存在会显著降低要素投入的有效性。

总的来说，企业通过投资信息技术基础设施形成的供应链数字化整合这种协作模式在推动绿色供应链实践中的作用机制尚不清晰，可能存在要素投入的协同效应，也可能存在对要素投入的拮抗效应，本章将从理论和文献视角对可能的关系进行假设和数据验证。

第二节　概念模型与假设设计

一、管理支持、财务支持与绿色供应链实践

通过前文对文献的梳理，绿色供应链管理中的管理要素正在引发人们越来越多的关注。管理支持主要强调企业在践行绿色供应链策略时的管理举措，包括高层和中层管理承诺、跨组织职能的合作、全面环境质量管理（Total Environmental Quality Management，TEQM）和环境要求及审核程序。诸多学者也讨论了这些管理举措对绿色供应链实践的影响，具体而言，为了确保完成既定的环境管理目标，中高层管理人员的支持和承诺是成功践行绿色供应链实践的必要条件，因为这些中高层管理人员是批准和协调绿色供应链实践所需人力、物力甚至财力的核心，如果没有他们的承诺与支持，各种供应链实践和流程都无法正常开展（如环保材料采购流程的审批、污水处理工程的建设），也就不可能在供应链中利用绿色资源。与此同时，诸多文献也强调了全面环境质量管理在解决环境问题方面的重要作用，例如，通过全面环境质量管理可以帮助减少和回收废弃物，而在供应链中减少和回收废弃物正是典型的绿色供应链实践举措。此外，在绿色供应链管理相关文献中也有不少学者讨论了企业以跨职能协作和践行公共标准（如环境要求和审核程序）对实施绿色供应链策略的积极作用。

越来越多的学者认为，外部压力（法律法规）和利益相关者诉求是所有同一类型企业在践行绿色供应链实践时面临的客观环境。由于企业经营的逐利性，这种客观环境当然会推动绿色供应链实践，但是不完善的法律法规和不紧迫的利益相关者诉求可能也会让企业逃避绿色实践，因此，企业自内向外发出的系统化管理支持才是绿色供应链实践的有效动力。换句话说，企业在管理方面对绿色供应链理念的支持不仅是绿色供应链实践的"初始力量"，更是后续绿色供应链实践顺利运行的"推动力量"。

此外，本书还遵循 Vachon 等（2006）和 Yu 等（2014）的观点，认为绿色供应链实践代表了包括企业内部及其供应链合作伙伴之间广泛的供应链管理活动，将其分为内部绿色供应链实践、与供应商有关的绿色供应链实践和与客户有关的绿色供应链实践三种。在假设中进行区分，以突出企业在上下游合作伙伴中采取的绿色实践明显与企业内部存在差异。本书提出以下假设。

H4：管理支持积极推动绿色供应链实践。

其中：

H4a：管理支持积极推动企业与供应商之间的绿色供应链实践。

H4b：管理支持积极推动企业内部的绿色供应链实践。

H4c：管理支持积极推动企业与客户之间的绿色供应链实践。

企业仅从管理层面对绿色供应链实践支持足够吗？以往学者认为，除了受迫于外界压力，对绿色供应链实践充分的管理要素即可顺利推动其完成环保目标，因为绿色供应链实践可以帮助企业获得长期经济效益。然而，在帮助企业获得长期效益、政府的合法性和合规性要求外，一些短期必须要负担的成本却被大多数学者忽视了。现实中，企业（尤其是中小型企业）仍然会由于短期利益或经营状况，并不愿意对绿色供应链实践投资，这种情况有主观原因，如企业对环保的不重视，也有客观原因，如企业的盈利状况不佳导致没有额外和充足的资本对绿色实践进行投资。

当然，并非所有的学者对此情况都不关注，Zhu 等（2006）很早就意识到，环保材料和环保包装等提升的成本是企业推动绿色供应链实践的关键阻碍；Walker 等（2014）通过文献述评发现，缺乏初始资本投资可能是阻碍成功实施绿色供应链实践的重要原因之一，企业可能由于短期利益、投资不确定性和资金危机等原因失去兴趣或延迟对绿色供应链实践的投资，尽管企业也知道通过减少废物和采用闭环回收系统可以长期节省成本。

由于认识到缺乏财务支持的负面影响，越来越多的学者开始将财务支持视为绿色供应链实践的关键驱动因素。从采购管理的角度来看，有学者认为，践行绿色策略的公司可能需要首先投资员工培训、环境审计和运营；部分环境保护活动如建立污水和废弃物处理工程，需要充足的初始资金。近几年来，更多学者认同这一观点，如 Geng 等（2017）认为，管理人员需要努力解决财务投资，因为其对绿色供应链实践非常重要；Agyemang 等（2018）还指出，许多想要践行绿色供应链实践的企业需要首先通过投资评估，确保对绿色供应链实践进行额外且充足的财务投资。

因此，"充足和合理的财务支持"是践行绿色供应链实践时，除了管理支持之外最重要的驱动因素。在本书中，提出以下假设。

H5：财务支持积极推动绿色供应链实践。

其中：

H5a：财务支持积极推动企业与供应商之间的绿色供应链实践。

H5b：财务支持积极推动企业内部的绿色供应链实践。

H5c：财务支持积极推动企业与客户之间的绿色供应链实践。

二、供应链数字化整合的调节效应

Gold 等（2010）曾指出："充足的资源促进了公司和供应链的环境保护行为……企业内部和企业间的关键资源是实施绿色供应链实践的先决条件，而绿色实践又在一定程度上代表企业了和供应链的竞争优势。"资源基础观（Resources Based View，RBV）和关系理论（Relation View，RV）分别从企业内部和企业间强调应有效利用有价值的资源和能力，以帮助企业超越其竞争对手。

因此，在协调企业践行绿色供应链策略的资源时，管理人员必须重新开发、重点选择和捆绑企业内部和外部资源和能力。毫无疑问，企业控制的管理支持和财务支持资源至关重要，然而，由于绿色供应链实践不仅是企业内部活动，更依赖于企业间的协作关系，因此，供应链上合作伙伴的外部资源同样不容忽视。供应链数字化整合，侧重于通过利用信息技术构建基于交易和交互方式的更加紧密的协作模式，它代表更先进的内外部流程的协调，可以为供应链活动更加有效地执行提供良好的环境。最近的研究也认为，企业实施绿色供应链实践需要更加透明的内外部环境。

企业通过投资内外部信息技术基础设施资源来提升内外部的数字化整合水平，进而创造更具有可见性和透明度的供应链环境，同时还提高了信息流通速度和内外部的沟通效率，因此可以显著提高管理行动和财务投资的效用。换句话说，当企业内外部的数字化整合水平越高，企业付出的管理支持和财务支持资源会更好地帮助企业实践绿色供应链策略。以梅赛德斯－奔驰公司为例，为了实现环保目标和更好地践行绿色供应链策略，公司通过采用各种信息技术和系统加强自身与外部供应链合作伙伴间的联结，如将信息技术应用到供应链全流程中，提升了一体化库存管理和追踪强度、电子化订单处理水平和数字化生产管理水平等，与此同时，公司自身对绿色供应链也不断增加内外部投资，甚至专门成立由集团高层领导的可持续发展部门，绿色实践取得的成果受到了业内外的一致称赞，公司还被北京市政府表彰。因此本书认为，一方面，与第五章探索供应链上信息技术体系在 L-A-R 实践中的作用机制不同，在绿色供应链实践中，数字化整合更多扮演着"环境"，而非"能力"的角色，所以模型中的第一个假设关系是信息技术基础设施能够全面提升供应链数字化整合水平，具体如下。

H6：企业投资信息技术基础设施能够显著提升供应链数字化整合水平。

其中：

H6a：企业投资与供应商有关的信息技术基础设施积极影响供应商数字化整合水平。

H6b：企业投资于内部的信息技术基础设施积极影响内部数字化整合水平。

H6c：企业投资与客户有关的信息技术基础设施积极影响客户数字化整合水平。

另一方面，根据论述，模型的第二个假设是数字化整合通过与企业在供应链上对绿色理念的管理和财务要素投入形成协同效应，以推动绿色供应链实践进程，具体如下。

H7：供应链数字化整合提升了企业要素投入与绿色供应链实践之间的积极影响。

其中：

H7a：企业存在高水平的供应链数字化整合可以提升企业的管理支持对绿色供应链实践的积极影响。

H7b：企业存在高水平的供应链数字化整合可以提升企业的财务支持对绿色供应链实践的积极影响。

然而，在供应链管理领域，紧密的组织内外部关系可能导致管理功能障碍和协作失败，甚至由于紧密联结带来的负面效应受到了越来越多的关注。根据资源依赖理论，供应链数字化整合可以被视为一种扩展组织控制和通过"权力－依赖关系"进行交换来管理资源的能力，职能部门之间和跨组织之间的不对称依赖会导致权力不对等，它们会利用自己的权力通过行动或战术策略来增强自己的自主权，从而影响他方行为。例如，当一家企业与其供应链上的合作伙伴更紧密地整合在一起或具有较高数字化整合水平时，这家企业就无法轻易地改变合作伙伴。考虑到在推进绿色供应链实践时将会产生诸多复杂问题，如绿色包装、设计和流程的重构等，拥有独特供应链权力和被依赖度较高的企业可能会采取被动策略，如管理对抗和磨洋工、"资源搭便车"，以减少对企业短期利益的损害。正如资源依赖理论所说，不平等的权力控制着管理支持和财务支持的使用，面对拥有权力的企业，管理支持和财务支持资源对绿色供应链实践的有效性大大降低。

在现实中，美国苹果公司和案例分析中的 HW 公司一样，由于其行业的特殊性，在全球范围内都拥有较高的数字化整合水平。但是，可以从其环境责任报告中发现，在其数百名合作伙伴中，仅有 23 个合作伙伴通过苹果公司的管理和资金支援实现了与其同步的绿色供应链实践，更多的合作伙伴则通过"磨洋工"的方式来削弱苹果公司通过各种举措推进绿色供应链的实践（分析来自《Apple 环境责任报告 2018》）。因此，本书给出以下假设。

H8：供应链数字化整合削弱了企业要素投入与绿色供应链实践之间的积极影响。

其中：

H8a：企业存在高水平的供应链数字化整合会削弱企业的管理支持对绿色供应链实践的积极影响。

H8b：企业存在高水平的供应链数字化整合会削弱企业的财务支持对绿色供应链实践的积极影响。

根据对管理支持和财务支持，以及信息技术基础设施、供应链数字化整合和绿色供应链实践之间关系的分析，构建的第二个理论模型如图 6-1 所示。

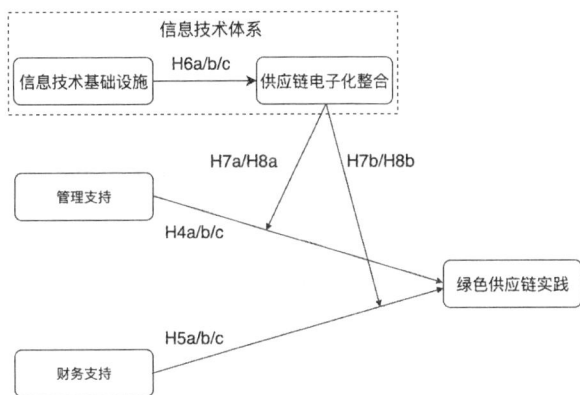

图 6-1　信息技术在绿色供应链实践中作用机制的理论模型

第三节　问卷设计与样本收集

一、问卷设计

问卷设计方法如第五章第三节所述，由于本章涉及的构念已有较为全面的研究基础，具有较高的信度和效度。同时，在文献中被反复使用的量表认可度高，使用发表在权威期刊上论文的量表，一般不会受到太多质疑。

为了符合研究的适用性，本章设计的量表同样严格遵循五个阶段进行，分别是：①初始量表和测量指标确认；②双盲翻译；③理论专家访谈确认；④实践专家访谈确认；⑤设定调研问卷。

具体的测量指标如下。

（一）绿色供应链实践问卷设计与测量

绿色供应链实践是研究文献中常用的术语，是指企业在供应链上进行的各种绿色活动，例如，基于环境考虑的合作、绿色材料和能源节约型设计、绿色采购、绿色制造和工艺计划、废物利用（如废料和废旧材料的销售）、回收、绿色包装、供应商的 ISO 14001 认证等。

绿色供应链实践的可操作性测量主要遵循 Schmidt 等（2017）的观点。而且根据学者们的观点，绿色供应链实践大多按照内部、上下游进行维度划分，因此，将绿色供应链实践分为（与）供应商绿色实践、内部绿色实践和（与）客户绿色实践，具体指标如表 6-1 所示。

表 6-1　绿色供应链实践的测量

维度	测量指标	题项来源
（与）供应商绿色实践	给供应商提供环保采购材料的设计规范	Vanalle 等（2017）；Zhu 等（2007）；Hsu 等（2016）；Schmidt 等（2017）；Azevedo 等（2011）；Eltayeb 等（2011）；Sarkis（2003）；Huo 等（2015）
	与供应商配合以实现环境目标	
	对供应商内部环境管理审核	
	推动供应商 ISO 14001 认证	
	监督和评估二级供应商的环保活动	
内部绿色实践	超额库存和原材料回收	
	出售废弃物和原材料	
	出售多余设备	
	为减少能源和材料消耗进行相关产品设计	
	零部件循环利用和回收设计	
	为减少有害排放进行相关设计	
（与）客户绿色实践	与客户合作生态设计	
	与主要客户合作清洁生产	
	与主要客户合作绿色包装	
	与客户配合以实现环境目标	

（二）供应链上信息技术基础设施与数字化整合的问卷设计与测量

本部分同样对信息技术进行二维化解构，提出基于"基础设施"和"数字化整合"（也有学者称为 IT 整合）两种维度。本书主要依据 Thoeni 等（2017）对可持续供应链管理中信息技术使用的系统性文献分析中得到的信息技术列表进行整理，再补充以 Oghazi 等（2018）和 Tu 等（2018）的论述，更全面地测度供应链上的信息技术基础设施。

供应链数字化整合的测量主要以 Kuo 等（2013）的观点为依据，包括能够将信息技术应用到管理和监视订单、包装、分配、运输和存储功能，提升组织内外部联结和协同水平。

（三）绿色供应链实践的要素投入：管理支持和财务支持的问卷设计与测量

在绿色供应链管理相关文献中，Zhu 等（2008）明确提出"管理支持"概念和直接测量，他们认为，管理支持是组织采用和实施环境原则的关键要素，中高层管理人员可以通过员工授权和跨部门的沟通鼓励组织中的团队和团队合作；Huang 等（2017）认为，企业对绿色供应链实践的践行受到诸如中高层管理承诺、内部环境管理政策和合作等支持行为的影响。本书主要融合了 Zhu 等（2008）和 Tseng（2019）的测量指标进行问卷设计。

在财务支持方面，现有研究大多集中在"成本阻碍"对绿色供应链实践的影响方面，以 Wang 等（2018）与 Tong 等（2018）为代表，他们认为应该增加对环保型材料和包装及环境运营的投资，同时，绿色供应链实践还应该重视绿色人力资源管理，即增加对环境方面培训的投资。财务支持并非一个成熟和常用的概念，本书融合了以上学者的观点，并在后续进行探索性因子分析，以验证测量指标的合理性。管理支持和财务支持的测量如表 6-2 所示。

表 6-2　管理支持和财务支持的测量

变量	测量指标	题项来源
管理支持	中层经理对绿色供应链管理的支持	Zhu 等（2008）；Green（2019）；Tseng（2019）；Mohanty 等（2014）
	高层经理对绿色供应链管理的承诺	
	全面环境质量管理	
	对改善环境的跨职能合作	
	环保要求和审计程序管理支持	
财务支持	投资环境培训	Zhu 等（2008）；Teixeira 等（2016）；Tong 等（2018）；Wang 等（2018）
	增加对环境运营的投资	
	增加环境保护的整体投资	
	增加采购环境友好材料的投资	

二、样本收集

本部分是与天津大学霍宝峰教授"供应链核心竞争力研究"课题组合作的部分内容，选取长三角地区（以广东省为主）制造企业作为问卷发放的目标，以广东省企业名录中 4 万余家企业作为样本池并采取随机分层抽样的方法进行样本的选择。

具体选择逻辑请参考第五章相关内容。

第四节　回归分析：基于结构方程模型和潜变量调节效应分析的方法

一、信度和效度检验

信度检验用克朗巴哈 α 系数来检验一个潜变量下所有观测变量的内部一致性，一般认为，克朗巴哈 α 系数值至少应该大于 0.6。本书克朗巴哈 α 系数的结果如表 6-3 所示，所有变量的克朗巴哈 α 系数值都大于 0.8，因此，本部分观测变量具有较好的信度。

表 6-3　克朗巴哈 α 系数

潜变量	指标数量	基于标准化项的克朗巴哈 α 系数
内部绿色实践（GSCPI）	6	0.893
供应商绿色实践（GSCPS）	5	0.900
客户绿色实践（GSCPC）	4	0.936
管理支持（MS）	5	0.929
财务支持（FS）	4	0.902
供应商数字化整合（SEI）	4	0.900
内部数字化整合（IEI）	5	0.880
客户数字化整合（CEI）	4	0.916
供应商信息技术基础设施（SIT）	10	0.903
内部信息技术基础设施（IIT）	10	0.889
客户信息技术基础设施（CIT）	9	0.878

效度检验遵循第五章第四节方法进行。

表 6-4 为验证性因子分析结果，所有观测变量的因子载荷都大于 0.5，并且所有的标准估计值都在 0.001 的显著性水平上显著，CFA 的拟合指标为 CHIN/df =1.83，RMSEA=0.062（90 Percent C.I：0.059-0.064），CFI=0.901，TLI=0.891，Standardized RMR=0.054，说明观测变量的聚合效度较好。表 6-5 为潜变量相关系数及区分效度检验，结果表明各潜变量区分效度理想，满足进一步分析要求。

表 6-4 验证性因子 CFA 检验

潜变量与观测指标	标准化因素负荷											Mean	SD
	1	2	3	4	5	6	7	8	9	10	11		
管理支持（MS）：CR=0.9299，AVE=0.727													
MS1	0.909											4.607	1.699
MS2	0.866											4.673	1.674
MS3	0.807											4.886	1.579
MS4	0.858											4.645	1.559
MS5	0.786											4.919	1.723
财务支持（FS）：CR=0.9074，AVE=0.714													
FS1		0.938										5.232	1.283
FS2		0.925										5.403	1.224
FS3		0.800										5.365	1.209
FS4		0.682										5.294	1.234
内部数字化整合（IEI）：CR=0.8803，AVE=0.596													
IEI1			0.708									5.175	1.455
IEI2			0.755									5.213	1.479
IEI3			0.863									4.976	1.617
IEI4			0.815									4.967	1.442
IEI5			0.613									4.995	1.554

续表

潜变量与观测指标	1	2	3	4	5	6	7	8	9	10	11	Mean	SD
供应商数字化整合（SEI）：CR=0.8988，AVE=0.692													
SEI1				0.819								4.142	1.756
SEI2				0.729								4.261	1.722
SEI3				0.905								3.882	1.732
SEI4				0.782								3.550	1.821
客户数字化整合（CEI）：CR=0.9112，AVE=0.72													
CEI1					0.814							4.502	1.749
CEI2					0.837							4.469	1.733
CEI3					0.803							3.791	1.873
CEI4					0.891							4.175	1.935
内部绿色实践（GSCPI）：CR=0.8913，AVE=0.581													
GSCPI1						0.859						4.483	1.752
GSCPI2						0.862						4.806	1.542
GSCPI3						0.839						4.649	1.645
GSCPI4						0.585						4.682	1.667
GSCPI5						0.656						4.445	1.702
GSCPI6						0.693						4.630	1.739

标准化因素负荷

续表

标准化因素负荷

潜变量与观测指标	1	2	3	4	5	6	7	8	9	10	11	Mean	SD
供应商绿色实践（GSCPS）：CR=0.9023, AVE=0.653													
GSCPI1							0.899					4.265	1.745
GSCPI2							0.903					4.261	1.744
GSCPI3							0.744					4.659	1.726
GSCPI4							0.695					4.512	1.478
GSCPI5							0.675					4.711	1.459
客户绿色实践（GSCPC）：CR=0.9370, AVE=0.789													
GSCPI1								0.939				4.242	1.686
GSCPI2								0.857				4.451	1.651
GSCPI3								0.851				4.412	1.532
GSCPI4								0.901				4.166	1.646
供应商信息技术基础设施（SIT）：CR=0.9000, AVE=0.6962													
SSIT1									0.867			3.820	1.891
SSIT2									0.787			3.265	1.894
SSIT3									0.847			4.066	1.832
SSIT4									0.731			4.455	1.743
SSIT5									0.705			3.062	1.930
SSIT6									0.700			3.901	2.039

续表

潜变量与观测指标	标准化因素负荷											Mean	SD
	1	2	3	4	5	6	7	8	9	10	11		
内部信息技术基础设施（IIT）：CR=0.8834，AVE=0.572													
IIT1										0.693		4.251	1.862
IIT2										0.782		5.000	1.794
IIT3										0.790		4.773	1.827
IIT4										0.650		3.455	2.010
IIT5										0.701		4.536	1.792
IIT6										0.662		4.891	1.671
IIT7										0.708		3.948	2.087
IIT8										0.582		3.133	1.957
客户信息技术基础设施（CIT）：CR=0.8687，AVE=0.6777													
CIT1											0.886	3.986	1.926
CIT2											0.855	4.223	1.811
CIT3											0.719	3.261	1.970
CIT4											0.642	4.526	1.800
CIT5											0.652	4.441	1.751

注 李克特量表测量标准：从未使用（完全不同意）（1）-显著使用（完全同意）（7）。

表6-5 潜变量相关系数及区分效度检验

因子	1	2	3	4	5	6	7	8	9	10	11
MS	0.845										
FS	0.421***	0.772									
IEI	0.389***	0.343***	0.832								
SEI	0.324***	0.237***	0.420***	0.849							
CEI	0.172**	0.190**	0.272***	0.631***	0.762						
GSCPI	0.573***	0.368***	0.316***	0.422***	0.341***	0.808					
GSCPS	0.629***	0.422***	0.410***	0.503***	0.277***	0.519***	0.893				
GSCPC	0.397***	0.354***	0.347***	0.486***	0.437***	0.452***	0.574***	0.785			
SIT	0.160**	0.033	0.233**	0.411***	0.266***	0.155**	0.193**	0.173**	0.834		
IIT	0.248**	0.105	0.336***	0.297***	0.166**	0.272***	0.199**	0.197**	0.445***	0.756	
CIT	0.149**	0.128*	0.191**	0.456***	0.297***	0.178**	0.183**	0.258***	0.669***	0.322***	0.823

注 1. 显著性 * 表示 "P<0.1"；** 表示 "P<0.05"；*** 表示 "P<0.001"。
2. 对角线上的数字为该因子 AVE 的平方根。

二、模型检验方法

（一）结构方程模型

研究信息技术体系与绿色供应链实践之间的关系，同样运用结构方程模型探索主构念之间的关系。

（二）潜调节结构方程法

方法学界对调节效应分析的研究主要集中在潜变量调节效应分析上，方法主要是乘积指标法和分布分析法两种。乘积指标法的研究较多且更新速度较快，即交互效应潜变量的指标采用外生潜变量的配对相乘后的乘积项代表。传统上，这种模型需要额外的约束条件，这些约束条件使方程变得非常复杂且不容易掌握，无论部分约束还是无约束方法均需要均值结构（均值化或中心化处理），而多数研究者对均值结构并不是特别了解。后续有学者如吴艳等（2009）提出了无须均值结构的交互效应建模方法，运用"高负荷之间配对，低负荷之间配对"的配对乘积策略来构建交互项，这种配对乘积指标也受到 Saris 等（2007）的认可。

尽管配对乘积指标策略使潜变量调节效应的分析变得简单，但是它依然存在这样一个问题，即乘积项非正态分布，而假设检验是基于正态分布假设的，这种显著性检验结果和置信区间会产生偏差。所以越来越多的学者尝试朝着分布分析法方向进行思考，尤其是分布分析法中的潜调节结构方程法（Latent Moderated Structural Equations，LMS）。LMS 解决了乘积指标法面临的两个问题：乘积指标的生成和乘积项非正态分布。LMS 将非正态分布视为条件正态分布的混合，省略了人为构造指标的偏误，也避免了不同的乘积指标构造策略产生不同的估计结果的问题。同时，LMS 不需要交互效应必须服从正态分布的假设，所以也解决了乘积项非正态分布的估计偏差问题。LMS 不提供模型拟合指数，模型比较可使用信息指数（Akaike Information Criterion，AIC）和（Schwartz Bayesian Information Criterion，BIC）进行判断。Mplus 是目前用 LMS 进行潜变量调节效应分析的唯一软件。

三、信息技术体系与绿色供应链管理实践关系检验

（一）测量模型

本章继续对管理支持、财务支持、供应链数字化整合和绿色供应链实践之间关系的结构模型中涉及的潜变量进行测量模型拟合度的检验，从表6–6可以看出，所有的拟合指标基本都满足进一步分析的要求。

表 6-6　模型拟合指数

模型拟合指标	模型拟合评价标准	拟合结果
CHIN/df	若 CHIN/df＜3，模型拟合可接受，CHIN/df＜2，模型拟合较好	2.107
CFI	CFI＞0.90，模型较好（有学者认为大于 0.8 可接受）	0.901
TLI	TLI＞0.90，模型较好（有学者认为大于 0.8 可接受）	0.889
RMSEA	RMSEA＜0.08，越小，模型拟合较好	0.073
Standardized RMR	SRMR 小于 0.08 可以接受，越小越好（有学者认为是 0.05）	0.059

（二）高阶变量测量

文献研究中对绿色供应链实践是否是二阶变量并没有统一的答案，但是 BiE（Business in the Environment，2000）等认为其应为高阶构念。

通过对三个一阶因子内部绿色实践（GSCPI）、供应商绿色实践（GSCPS）和客户绿色实践（GSCPC）进行相关系数检验，判断相关系数能否满足二阶因子的条件，由表 6-7 可知，尽管内部绿色实践和供应商绿色实践之间的相关系数，以及供应商绿色实践和客户绿色实践之间的相关系数超过 0.5，但内部绿色实践和客户绿色实践的相关系数为 0.452，并不适合进行高阶因子分析。尽管从理论上，绿色供应链实践较为符合高阶因子的特征，但是相关系数分析结果表明，二阶因子负荷不大（一阶因子之间的相关系数不高），证明二阶因子对一阶因子的影响有限，此时即使模型拟合良好，二阶模型的意义也不大，因此，将绿色供应链实践的三个一阶因子视为独立且相关的三个潜变量进行后续分析。

表 6-7　绿色供应链实践高阶构念测量（相关系数）

一阶因子 CFA 模型拟合指数			
CHIN/df= 222.771/85　RMSEA=0.083　CFI=0.943　TLI=0.929　SRMR= 0.055			
一阶因子	GSCPI	GSCPS	GSCPC
内部绿色实践（GSCPI）	—		
供应商绿色实践（GSCPS）	0.519***[①]	—	
客户绿色实践（GSCPC）	0.452***	0.574***	—

① 显著性：*** 表示"P<0.001"。

（三）结构方程模型检验

研究使用 Mplus 8.3 软件，基于最大似然估计法（MLE）对基础结构方程模型进行验证。管理支持、财务支持和绿色供应链实践之间关系的结构模型的结果如表 6-8 所示，表中路径系数为标准化后的结果。模型的拟合指标：$\chi 2/df$ =2.09；SRMR = 0.076；TLI = 0.894；CFI=0.908；RMSEA=0.072，这表明模型是可以接受的。

表6-8 管理支持、财务支持和绿色供应链实践的基础结构方程模型检验

变量列表		因变量					
		供应商绿色实践		内部绿色实践		客户绿色实践	
		路径系数	P 值	路径系数	P 值	路径系数	P 值
控制变量	企业经营年限	−0.019	0.802	0.178***	0.001	−0.009	0.912
	企业所有权类型	0.147**	0.012	−0.041	0.490	0.050	0.433
	员工总数	0.090	0.384	−0.063	0.549	−0.218**	0.048
	归属行业	0.023	0.697	0.038	0.526	−0.051	0.427
	固定资产	0.117	0.220	0.120	0.214	0.302**	0.003
	年销售额	−0.045	0.626	−0.067	0.473	−0.030	0.762
自变量	管理支持	0.530***	0.000	0.522***	0.000	0.311***	0.000
	财务支持	0.179**	0.009	0.175**	0.012	0.256***	0.000

注 1. 拟合指数：$\chi 2/df = 2.09$；SRMR = 0.076；TLI = 0.894；CFI = 0.908；RMSEA = 0.072。

2. 显著性水平：* 表示" $P<0.1$"，** 表示" $P<0.05$"，*** 表示" $P<0.001$"。

结构方程模型检验结果表明，管理支持与绿色供应链实践之间存在显著且积极的影响，具体来讲，管理支持和财务支持都可以推动供应商绿色实践（路径系数分别为0.530*** 和 0.179**）；管理支持和财务支持对内部绿色实践也有积极影响（路径系数分别为0.522*** 和 0.175**）；管理支持和财务支持同时影响客户绿色实践（路径系数分别为0.311*** 和 0.256***）。显然，在践行绿色供应链策略时，管理支持和财务支持的作用都不可忽略，但企业在管理层面（如中高层的认可和承诺），全面环境质量管理等要素投入对绿色供应链实践更加重要。

与此同时，研究还发现企业在推动与供应商有关的绿色实践时，企业所有权类型能够显著积极影响绿色实践的进展（0.147**）；企业在内部践行绿色实践时，企业的经营年限起着积极作用（0.178***），也就是说企业存活年限越长，内部越有践行绿色实践的动力；当企业与客户协作推进绿色实践时，财务支持的效应与企业面向内部和供应商进行绿色实践时，效应显著增大，管理支持的直接效应则缩小，而且员工数量越多，企业与客户协作推进绿色实践的难度越大（−0.218**），企业固定资产越高，推动与客户有关的绿色实践的兴趣越大（0.302**）。

（四）调节效应检验

正如前文对潜变量调节效应方法的介绍中所言，很长时间以来，潜变量模型中的交互作用（调节）效应都是通过乘积指标方法进行的测量，这需要使用复杂的非线性约束和附加的模型规范，并且不能直接解决乘积项的非正态分布。近年来，乘积指标法正在被易于使用的分布分析方法取代，这种方法直接对测量指标的非线性多元分布进行建模，例如，潜调节结构方程法（LMS）和准极大似然估

表6-9　供应链数字化整合的调节效应检验（LMS分析）

①供应商数字化整合作为调节变量[①]

变量列表		因变量								
		供应商绿色实践			内部绿色实践			客户绿色实践		
		路径系数	标准误	P值	路径系数	标准误	P值	路径系数	标准误	P值
控制变量	企业经营年限	0.010	0.072	0.890	0.167***[④]	0.072	0.021	0.011	0.079	0.892
	企业所有权类型	0.151**	0.057	0.008	-0.029	0.057	0.604	0.046	0.062	0.464
	员工总数	0.069	0.100	0.491	-0.056	0.100	0.579	-0.223*[⑤]	0.109	0.040
	归属行业	-0.004	0.058	0.947	0.045	0.058	0.435	-0.060	0.063	0.340
	固定资产	0.133	0.092	0.150	0.101	0.093	0.276	0.309**	0.101	0.002
	年销售额	-0.091	0.090	0.313	-0.029	0.092	0.751	-0.068	0.100	0.498
自变量	管理支持	0.524***[⑥]	0.071	0.000	0.514***	0.069	0.000	0.264***	0.084	0.002
	财务支持	0.230***	0.071	0.001	0.207***	0.071	0.003	0.302***	0.077	0.000
交互变量	管理支持*供应商数字化整合	-0.153**	0.072	0.034	0.103	0.071	0.146	-0.177**	0.078	0.024
	财务支持*供应商数字化整合	0.081	0.072	0.256	0.120*	0.070	0.086	0.096	0.077	0.211

②内部数字化整合作为调节变量[②]

变量列表		因变量								
		供应商绿色实践			内部绿色实践			客户绿色实践		
		路径系数	标准误	P值	路径系数	标准误	P值	路径系数	标准误	P值
控制变量	企业经营年限	0.005	0.072	0.947	0.155**	0.072	0.032	0.001	0.080	0.994
	企业所有权类型	0.157**	0.057	0.006	-0.051	0.057	0.370	0.052	0.063	0.413
	员工总数	0.058	0.102	0.571	-0.025	0.102	0.804	-0.231**	0.110	0.037
	归属行业	0.000	0.058	0.998	0.048	0.058	0.406	-0.053	0.064	0.405
	固定资产	0.143	0.093	0.125	0.088	0.092	0.348	0.314**	0.102	0.002
	年销售额	-0.078	0.091	0.392	-0.032	0.091	0.725	-0.048	0.101	0.631
自变量	管理支持	0.542***	0.069	0.000	0.538***	0.067	0.000	0.309***	0.082	0.000
	财务支持	0.202**	0.070	0.004	0.168**	0.071	0.018	0.256***	0.077	0.001

续表

	变量列表	因变量								
		供应商绿色实践			内部绿色实践			客户绿色实践		
		路径系数	标准误	P值	路径系数	标准误	P值	路径系数	标准误	P值
交互变量	管理支持*内部数字化整合	−0.086	0.076	0.254	0.184**	0.083	0.026	−0.055	0.089	0.539
	财务支持*内部数字化整合	0.013	0.074	0.860	0.002	0.080	0.978	−0.016	0.084	0.849
	客户数字化整合作为调节变量③									
控制变量	企业经营年限	−0.005	0.071	0.943	0.182**	0.074	0.013	−0.005	0.079	0.949
	企业所有权类型	0.152**	0.057	0.007	−0.037	0.059	0.532	0.047	0.063	0.456
	员工总数	0.080	0.100	0.425	−0.065	0.104	0.531	−0.209*	0.109	0.056
	归属行业	−0.002	0.058	0.972	0.040	0.060	0.500	−0.054	0.064	0.397
	固定资产	0.133	0.092	0.148	0.124	0.096	0.196	0.306**	0.101	0.002
	年销售额	−0.069	0.090	0.444	−0.074	0.094	0.432	−0.050	0.100	0.619
自变量	管理支持	0.545***	0.066	0.000	0.523***	0.068	0.000	0.306***	0.078	0.000
	财务支持	0.195***	0.067	0.003	0.180**	0.069	0.009	0.265***	0.072	0.000
交互变量	管理支持*客户数字化整合	−0.165**	0.068	0.016	−0.028	0.074	0.701	−0.144*	0.080	0.072
	财务支持*客户数字化整合	0.081	0.069	0.242	0.030	0.074	0.687	0.113	0.081	0.162

① Information Criteria：Akaike (AIC)−18036.369；Bayesian (BIC)−18438.592；Sample-Size Adjusted BIC−18058.358；Number of Free Parameters 120。

② Information Criteria：Akaike (AIC)−18605.677；Bayesian (BIC)−19017.955；Sample-Size Adjusted BIC−18628.215；Number of Free Parameters 120。

③ Information Criteria：Akaike (AIC)−18071.729；Bayesian (BIC)−18473.952；Sample-Size Adjusted BIC−18093.718；Number of Free Parameters 120。

④ **表示 "P<0.05"。

⑤ * 表示 "P<0.1"。

⑥ *** 表示 "P<0.001"。

计法（Quasi-Maximum Likelihood，QML）。特别地，与准极大似然估计法相比，潜调节结构方程法使研究人员能够建立涉及多个潜在内生变量的更复杂的 SEM 模型，并且在 Mplus 软件中也容易实现这种非线性效应，而且其估算值更加可靠。因此，在本书中通过使用 LMS 来估计供应链数字化整合的调节效应。

表 6-9 是将供应商数字化整合、内部数字化整合和客户数字化整合分别视为调节变量，揭示其分别在管理支持和财务支持与三种绿色供应链实践之间关系的调节作用。具体来讲，供应商数字化整合在管理支持推动供应商绿色实践发展的过程中扮演着消极的作用，即企业与供应商的数字化整合水平越高，管理支持对供应商绿色实践的积极效应会得到削弱（-0.153**）；客户数字化整合在管理支持推动供应商绿色实践发展的过程中也扮演着消极的作用，即企业与客户之间拥有的数字化整合也会削弱管理支持对供应商绿色实践的积极效应（-0.165**）。

在分析数字化整合对管理支持、财务支持和内部绿色实践之间关系的影响时发现，企业与供应商有更高的数字化整合水平会增强财务支持对内部绿色实践的积极效应（0.120*）；企业内部如果有较高的数字化整合水平，会让管理支持的效用发挥得更好（0.184**）；企业如果与客户协同推动绿色供应链实践时，如果企业与供应商、企业与客户之间拥有更高的电子化水平，企业管理要素投入的效用会被削弱（-0.177** 和 -0.144*）。

总的来说，当企业践行内外部绿色实践时，如果面临较高的数字化整合水平，企业的管理要素投入的效应大多会削弱，与此同时，当企业内部和与客户之间拥有更好的数字化整合时，财务要素投入的效应会得到加强。

此外，在企业内外部的绿色供应链实践中，供应链上信息技术基础设施能够显著提升企业的供应链数字化整合水平（表 6-10），验证了假设 H6。

表 6-10　推动绿色供应链实践时，供应链上信息技术基础资源与数字化整合的关系检验

因变量	关系路径	路径系数	P 值
当因变量为供应商绿色实践时	供应商信息技术基础设施→供应商数字化整合	0.313	0.000***①
	内部信息技术基础设施→内部数字化整合	0.333	0.000***
	客户信息技术基础设施→客户数字化整合	0.213	0.004**②
当因变量为内部绿色实践时	供应商信息技术基础设施→供应商数字化整合	0.337	0.000***
	内部信息技术基础设施→内部数字化整合	0.323	0.000***
	客户信息技术基础设施→客户数字化整合	0.198	0.005**
当因变量为客户绿色实践时	供应商信息技术基础设施→供应商数字化整合	0.314	0.000***
	内部信息技术基础设施→内部数字化整合	0.330	0.000***
	客户信息技术基础设施→客户数字化整合	0.178	0.018**

① *** 表示"$P<0.001$"。

② ** 表示"$P<0.05$"。

（五）假设检验结果

从表 6-8 和表 6-10 中可以看出，在本模型提出来的假设中，主模型假设得到了支持（H4、H5），即企业对管理和财务的要素投入显然能够积极推动企业内外部绿色供应链实践的发展，同时，企业投资于供应链上的信息技术基础设施可以对应提升其数字化整合水平（H6 得到支持），但是对供应链数字化整合的调节效应则复杂很多。

（1）供应链数字化整合与企业的管理支持集中在消极拮抗效应上。具体地，供应商和客户数字化整合水平越高，管理支持对供应商绿色实践和客户绿色实践的积极效应会被削弱。因此，在双元假设中，H8a 得到了部分支持，拒绝了 H7a。

（2）企业财务要素投入与供应商数字化整合，以及内部数字化整合一起协同推进内部供应链实践活动。当企业面向供应商数字化整合水平较高时，财务支持的效用会被放大，且企业内部拥有较强的数字化整合能力时，财务投入同样会取得更好的效果。因此在双元假设中，H7b 得到部分支持，H8b 并没有得到验证。假设检验结果如表 6-11 所示。

表 6-11　假设检验结果

假设	显著性	检验结果
H4：管理支持积极推动绿色供应链实践。 其中： H4a：管理支持积极推动企业与供应商之间的绿色供应链实践。 H4b：管理支持积极推动企业内部的绿色供应链实践。 H4c：管理支持积极推动企业与客户之间的绿色供应链实践。	显著	支持
H5：财务支持积极推动绿色供应链实践。 其中： H5a：财务支持积极推动企业与供应商之间的绿色供应链实践。 H5b：财务支持积极推动企业内部的绿色供应链实践。 H5c：财务支持积极推动企业与客户之间的绿色供应链实践。	显著	支持
H6：企业投资信息技术基础设施能够显著提升供应链数字化整合水平。 其中： H6a：企业投资与供应商有关的信息技术基础设施积极影响供应商数字化整合水平。 H6b：企业投资于内部的信息技术基础设施积极影响内部数字化整合水平。 H6c：企业投资与客户有关的信息技术基础设施积极影响客户数字化整合水平。	显著	支持
H7a：企业存在高水平的供应链数字化整合可以提升企业的管理支持对绿色供应链实践的积极影响。	部分显著	拒绝

续表

假设	显著性	检验结果
H7b：企业存在高水平的供应链数字化整合可以提升企业的财务支持对绿色供应链实践的积极影响。	部分显著	部分支持
H8a：企业存在高水平的供应链数字化整合会削弱企业的管理支持对绿色供应链实践的积极影响。	部分显著	部分支持
H8b：企业存在高水平的供应链数字化整合会削弱企业的财务支持对绿色供应链实践的积极影响。	部分显著	拒绝

（六）补充检验

本书通过案例和实证研究已经确认，信息技术基础设施应通过提升企业供应链数字化整合能力后，才能给精益供应链实践、敏捷供应链实践和弹性供应链实践带来更积极的影响。然而，在绿色供应链管理的文献中（见第二章），几乎所有的学者都将视线聚焦在信息技术基础设施资源本身，而且其对绿色供应链实践的作用机制并不清晰，有学者认为，信息技术基础设施资源（包括绿色信息技术）可能是绿色供应链实践的直接驱动因素，也有学者认为，信息技术基础设施可能是一种企业践行绿色供应链策略的环境变量，但是研究全部为定性方法。因此，本书有必要对信息技术基础设施的作用机制做进一步验证，检验信息技术资源能否直接推动绿色供应链实践的发展，结果如表6-12所示。

表6-12　信息技术和绿色供应链实践关系的结构方程模型检验

变量列表		因变量					
		供应商绿色实践		内部绿色实践		客户绿色实践	
		路径系数	P值	路径系数	P值	路径系数	P值
自变量	供应商信息技术基础设施	−0.171	0.293	0.062	0.705	−0.130	0.414
	内部信息技术基础设施	0.026**	0.009	0.110	0.391	0.115	0.357
	客户信息技术基础设施	0.104	0.427	0.064	0.627	0.086**	0.024

注　1. 拟合指数：$\chi 2/df= 2.35$；SRMR$= 0.063$；TLI$= 0.882$；CFI$= 0.895$；RMSEA$= 0.080$。

　　2. 显著性水平：** 表示"$P<0.05$"。

其中，企业投资于内部的信息技术基础设施可以显著影响企业与供应商的绿色实践，但是系数非常微弱（0.026**），企业面向客户的信息技术和基础设施可以显著影响企业与客户之间的绿色实践（0.086**），同样，路径系数也较为微弱。检验结果表明，企业在投资信息技术时，很多时候会遇到"信息技术价值悖论"陷阱，即企业仅仅投资信息技术基础设施并没有给企业带来显著的效益，也没有推动绿色供应链实践的顺利运行。

第五节　研究结论

企业在进行绿色供应链管理时，虽然有不少学者认为信息技术基础设施，尤其是绿色信息技术和系统对绿色供应链实践有积极的直接影响，但根据前文的分析，本书有理由认为，供应链上信息技术基础设施投资并不能直接显著地影响绿色供应链实践（本书做了补充检验以验证这一观点）。然而，与供应链数字化整合可以积极推动精益供应链实践、敏捷供应链实践和弹性供应链实践不同，企业在推进绿色供应链实践时，除企业面临外部的环保规制外（企业外部的环保规制大多为政府的环保法律法规和第三方机构的环保监管，企业无法控制这种影响因素），最重要的是，企业可以控制的资源主要是企业为实现环保目标所付出的管理和财务要素投入，而企业较高水平的数字化整合则扮演着一种"环境"，在这种环境下，企业的要素投入才可以在践行绿色实践时获得更高的利用效率。以往学者不仅忽略了财务投入的重要性，同样也缺乏对企业拥有较高数字化整合水平环境时投入要素效率变化的讨论。

一、重视绿色供应链实践的可控前因：管理支持和财务支持

本书通过对绿色供应链实践的影响因素分析引出了管理支持和财务支持这两种重要的投入要素，并依据学者们的建议，对两种投入要素与绿色供应链实践之间的关系进行了实证测试。实证结果表明，来自企业的管理支持对企业内外部的绿色实践行为有积极的影响，基本符合之前的研究结果。具体地，这项研究提供的证据表明，企业在践行绿色供应链策略时，管理支持比财务支持起的作用更大，尤其在影响供应商绿色实践和内部绿色实践时。企业应重点向管理支持倾斜，重视中高层管理者的配合，需要从上到下的压力来推动内部跨职能合作，共同构建全面环境管理，同时将环保要求和内部审核落实到位，一方面，企业的管理人员掌握着财务投入的流程审批；另一方面，财务投入后同样需要相关人员和流程的配合。

同时还发现，财务支持的作用类似于管理支持，这也是绿色供应链实践的重要驱动因素。这个结论不仅补充了当前研究中缺乏"财务支持"的实证探索，同时也可以解释学者的疑问，即尽管企业从上到下非常重视绿色供应链管理，提供了很多政策倾斜，甚至建立了全面环境质量管理，但是为什么在实践过程中依然存在不少困难，原因可能在于企业忽略了"财务"投入要素的重要性。

通过实证研究解释了管理支持和财务支持在绿色供应链实践中发挥的不同重

要作用，帮助供应链管理人员以更加全面的视角面对企业采取的绿色供应链管理策略。

二、发扬企业内部及其与供应商数字化整合对绿色供应链实践的协同效应

研究结果表明，供应商数字化整合与财务支持的交互作用对内部绿色实践产生了积极影响，这同样意味着，如果企业通过信息技术设施与供应商进行更高程度的整合，企业的财务投入会更加有效地推动企业内部绿色实践。这种协同效应的根源可以通过资源依赖理论予以解释，企业与供应商通过数字化整合能力构建了紧密的协作关系，这意味着供应商可能拥有较好的资源和较高的权力，企业对供应商依赖度较高（企业不可能轻易更换供应商），企业受到外部环保要求时，不能通过强制供应商提供更环保的原材料来满足企业的环保要求，更多的是企业内部必须践行绿色策略，此时在企业的内外部绿色投资中，仅用于企业内部的绿色实践会提升效率。

此外，内部数字化整合对管理支持与内部绿色实践之间的关系起到了积极的调节作用，这似乎比较符合现实中的实践活动。例如，如果企业能够运用信息技术基础设施实现更高水平的信息交换和数据传输，中高层管理承诺和环境质量管理的要求等内部管理策略可以更有效地传达给内部员工，以便促进内部员工能够更好地实践绿色生产或鼓励践行内部环保设计工作，同时在库存和原材料利用方面也会得到更好的管理。这与先前的研究基本保持一致，即内部数字化整合会深刻影响内部协作，增加内部环境的可见性和交流的透明度，大大提高管理支持的效率。

三、正视企业与上下游数字化整合对绿色供应链实践的拮抗效应

实证结果还表明，企业通过投资信息技术基础设施提升供应链数字化整合水平可能会对管理支持和绿色供应链实践之间的关系产生负面影响。

（1）企业与供应商的数字化整合和管理支持的交互变量对供应商绿色实践有消极的影响。根据资源依赖理论的观点，企业与供应商之间的数字化整合水平越高，说明供应商可能拥有更大的权力和资源，企业对供应商拥有更高的依赖度，而供应商拥有的权力和资源超过企业所拥有的权力和资源会显著增加企业行动的脆弱性，此时，不对等的权力是一种破坏力。学者们很早就指出，在跨组织合作

过程中，不同组织所拥有的权力可能是有效合作的严重阻碍。只有当合作方之间存在一定的权力平衡时，合作关系才能持续发展。供应链数字化整合，侧重于通过信息技术资源建立的基于交易和交互方式的联结模式，已成为控制供应链内外部关系和资源的新特征，在某种程度上，企业与合作伙伴之间拥有较高的数字化整合水平，同样意味着企业与合作伙伴之间拥有深度的协作关系，这会导致合作伙伴的"对抗性策略"，这种对抗性策略可用于绿色供应链实践过程，企业对绿色实践管理支持的有效性将会被削弱。

同时，令人诧异的是，企业与供应商拥有较高水平的数字化整合也会削弱企业与客户绿色实践中管理支持的有效性。可能的解释是，随着企业与供应商数字化整合水平的提高，企业与供应商之间的协作关系也得到加强，企业表现得更加依赖供应商，并且更难以替换供应商，这也将导致企业产品和服务的局限性（很多企业的产品线往往受制于供应商原材料的供给）。最终，这种局限性，可能会导致企业在与客户的对话中失去优势和主导权（客户想要的企业没有办法提供，如替换其中某个更加环保的原材料，但供应商并没有），从而造成在推动与客户合作的绿色供应链实践中，企业的管理支持效率降低（对于客户来说，产品线分散和话语权的增加都可能导致其消极应对，因为在大部分情况下，环保检查的压力大多被分散到生产制造和供应端）。

（2）研究还揭示了下游数字化整合在管理支持和企业上下游绿色实践中都扮演着负面调节角色。客户关系是供应链关系管理中最重要的类型之一，根据 Huo 等（2016）的研究，21 世纪的经济重心已经从供应商转移到了客户，客户在某些情况下可能拥有与供应商同等甚至更大的权力，因为客户拥有更多的产品和服务选择权，这种选择权比以往任何时候都大。因此，企业与客户构建较高水平的数字化整合不仅意味着客户可能受制于企业，也意味着客户可能会利用手中的选择权迫使企业遵守其要求，如阻碍企业对自己关于绿色实践的管理工作。

此外，由于供应商通常依赖其客户来定义需求、要求和应用场景，因此在"客户 – 企业 – 供应商"这样的供应链中，权力往往会随着距终端市场距离的缩短而增加，尤其当供应商处于弱势地位时，这种因为权力不对等而带来的忧虑会加剧，而且会产生传递效应，即客户的"对抗策略"可能会影响供应链的上游。换句话说，如果企业的一个客户因短期利益不愿意践行绿色实践，这种阻碍也会传递给其供应商（企业）及供应商的供应商，因为客户显然离市场需求更近，拥有最终的定价权和市场支配力。因此，当企业与客户拥有高水平的数字化整合时，同样会削弱企业与供应商绿色实践中管理支持的有效性，Oliveira 等（2020）在讨论供应链关系管理文献中也论述了这种现象。

第三篇

决　策　篇

第七章　可持续供应链管理中的数字化能力构建

在数字技术蓬勃发展下，商业环境变得更加动态和复杂，如网络的不稳定性、制度的易变性、数字应用导致组织认知和行为惰性的弱化、组织感知和捕捉机会的敏捷性增强，在数字情境下，组织竞争优势变得短暂而不具有持久性。因此，企业及其供应链成员进行数字化转型是大势所趋，也是企业降本增效的必由之路，同时也是考验企业内外部协作与执行能力的变革。因此，为了高效、高质完成此项工作，企业高层应正视问题并改变思路，最终在企业内外部各团队的相互配合与执行下，共同完成数字化转型之路，以完成企业及其供应链的可持续发展目标。

数字化是以数据为中心的思想理论体系、方法论和技术架构体系，其本质是向数据要生产力。就数字化转型而言，数字化是方向和趋势，转型是路径和手段，转型能力是保障。组织形式、资源配置模式和生产方式必须基于数字化转型目标进行优化升级。无论是解决上述哪个问题或供应链成员企业处于数字化转型的哪个阶段，都需要具备相应的能力来扭转现状、把握机会、整合资源优势，利用技术创造新盈利点、增强竞争力。

本章在前文论述数字化整合能力的基础上，对数字化能力加深理解，提出了数字化转型能力的概念，认为在数字化转型过程中所涉及的组织层面的能力统称为数字化转型能力。显然，相对于数字化整合能力，数字化转型能力的外在表现更加宽泛，数字化转型能力应该包括数字化整合能力。提升制造企业数字化转型能力，既是我国在新一轮科技革命和产业变革中获得竞争优势的关键，更是构建国内制造业新格局、促进经济高质量发展、深化供给侧结构性改革的必由之路。在日新月异的市场环境下，只有建立起规范的数字化转型能力体系，才能协助制造企业从根本上理解数字化转型能力建构的内容，帮助其重新审视自身的数字化转型能力现状，从而推动其数字化转型进程，使其在竞争中立于不败之地。

第一节　可持续供应链运作逻辑与企业数字化技术要素

要想打造可持续供应链，企业需要将兼顾道德规范和环境责任的实践全面整合到具有竞争力的供应链模式中。此外，端到端供应链透明度至关重要，从原材料寻源到最后一公里物流、产品退货和回收流程，可持续发展计划必须实现全覆盖。数字化转型和日益成熟的数字化供应链技术在供应链变革中发挥着关键作用，帮助企业提高供应链的可持续性。大数据管理、高级分析、人工智能及区块链和射频识别传感器等工具提高了现代供应链的可视性，并加强了问责制。如今，企业有能力也有义务履行自身的社会责任，并分享打造绿色供应链和可持续物流的经验。

一、可持续供应链目标的实现依赖

可持续供应链的运作依赖于协作。许多全球大型企业都使用相同的原材料和底层供应商，这类企业的数量惊人。通常来说，难以证明这些供应商的运营活动是否遵守环保和道德规范。对于供应链管理人员而言，解决这个难题的最佳方法是协同合作、共享信息并传递这样一个信号：遵守可持续发展原则是开展业务的基石。

可持续供应链的运作依赖于一致的标准。供应链可持续发展的战略计划若想奏效，企业必须明确制定基准、目标和准则，然后分享给整个供应链中的所有利益相关方和供应商，并达成一致。幸运的是，如今许多机构都能帮助企业制定这些目标和标准，而数字技术也让追踪和管理合规性变得简单。此外，越来越多的数据和分析表明，可持续发展基准能为企业带来巨大的利润价值。

可持续供应链的运作依赖于成功经验的分享。如果企业不告诉客户，客户就无从知晓。如果企业实现了打造可持续供应链的目标，一定要和客户分享这个好消息，否则有可能浪费掉显著提高企业声誉的好机会。一家名副其实的绿色企业所享有的声誉对品牌发展非常有利，能够提高企业声誉和客户忠诚度。但这只是其中一个方面。另一方面，企业有机会以身作则，引领整个行业发展，并展示供应链可持续发展计划如何带来可观的经济效益和环境效益。通过分享自己的成就和卓越实践，企业可以将品牌与可持续发展领域的创新及先进理念联系起来。

二、可持续供应链遵循的数字化技术要素

通过实现供应链数字化转型，企业能够满足并超越可持续发展基准，同时开

展创新并实现业务增长。

（1）人工智能。人工智能技术能够帮助企业管理和分析供应链上的多个不同的数据集。人工智能的一大优势在于其能够帮助企业打造可持续供应链，实现同步联运和协同运输。这意味着企业能够追踪包裹的状态和位置，充分利用联合运输机会，或者在时间允许的情况下减少物流资源投入。

（2）机器学习。作为一种人工智能技术，机器学习利用大数据帮助系统和互联设备做出实时调整，发现模式，从经验中学习，并建立灵活敏捷且响应迅速的自动化工作流。对供应链经理而言，该流程的运营优化可以显著减少浪费和能耗。

（3）机器人和自动化。自2020年年初以来，网上购物人数不断增多。考虑到许多客户期望商品快速送达或次日送达，企业也应尽可能地提升仓储能力和最后一公里配送能力。借助智能自动化解决方案，企业能够运用电子无人机和库存管理机器人等自动化工具，从而提高工作流效率、优化能耗，并节省物流网络中的化石燃料用量。

（4）增材制造。增材制造也称为3D打印技术，可以支持企业维护虚拟库存，并按需备货。采用就地生产及按需生产方式，企业不仅可以省去海外运输和包装中使用的化石燃料和其他资源，还可以将供应链循环中的回收塑料用于3D制造的基础材料。

（5）工业物联网。如果企业内部的互联设备和机器配有唯一的标识符，并且能够发送和接收数字数据，那么这些机器和设备就会成为工业物联网网络的一部分。可持续供应链管理中被频繁使用的资产智能化管理有助于优化机器性能，并实现维护流程自动化，从而减少能耗，消除工作流中的冗余。

（6）区块链。在可持续供应链中，区块链尤其适合作为统一的真实数据源。通过使用传感器，企业可以准确地追溯产品和材料的来源，在所有供应链环节消除对产品、材料来源、质量及处理情况的猜测。

（7）传感器。射频识别设备和其他经济实用的小型传感器可以在产品和原材料的源头或在供应链的任意环节，轻松安装到产品和原材料上。如果合作伙伴和供应商遵守强制性传感器连接要求，就可以提高供应链的可视性，尤其是在以前难以实施可靠监控的地区。

（8）现代数据库和企业资源计划。卓越的可持续发展解决方案基于内存数据库和企业资源计划系统运行，这些数据库和企业资源系统可以管理大数据及各种复杂的流程。可持续供应链的技术和自动化要素依赖于预测分析和高级分析，以及这些现代化业务系统提供的实时洞察。

第二节　数字化能力的多理论解释

前文涉及的数字化整合能力主要基于复杂适应性理论和企业吸收能力理论，在数字化转型能力的论述中，除了以上两个理论，资源基础理论和动态能力理论也是主要的理论基础框架，如荆浩和任兴敏在《数字化转型情境下数字化能力研究现状与展望》一文中，通过查询 2006—2020 年 Web of Science 的 SSCI 数据库和中国知网 CSSCI 数据库中的 633 篇文献发现，大多数对于数字化能力的研究中，动态能力理论和资源基础理论都是主流理论，下面通过资源基础观和动态能力视角强化论述。

从资源基础观视角来看，由于数字技术应用而产生的具有稀缺性的资源成为重要的数字化转型能力。数据，或者说数字化技术要素作为数字化时代下重要的生产要素，本身并不能直接应用于企业的生产经营活动，只有通过数字技术在各价值链环节的应用才能将零散的数据资源升级为具有稀缺价值的资源。在相关的研究中，Ritter 等（2019）从数字化的条件入手，将数据、许可和分析作为构成企业整体数字化转型能力的关键维度。通过数据衡量数据的生成、传输、存储和访问能力，许可关注数据的使用和交换的合法性及道德问题，分析测度通过数据分析产生有价值信息的能力。此外，宋晶（2019）在对制造企业数字化转型能力评价时，将数字化转型能力划分为数据采集能力、数据分析能力及数据应用能力。

在动态能力视角下，一方面，与供应商、中间商及其他利益相关者的协同交互能力成为数字化转型能力的重要构成部分；另一方面，灵活的组织和管理模式是数字化转型能力的核心。相比于传统变革，数字化转型更加难以实现，因为它需要企业在面对动荡复杂环境下的持续性适应能力。即使组织在现有环境下成功地"转型"，然而，当环境再次发生变化时，仍会面临转型的需求。因此，灵活的组织管理模式是获得竞争优势的关键内部因素。在相关研究中，王强等（2020）认为，零售业数字化能力的构建需要以互联网平台为出发点，并通过对零售企业数字化转型的案例研究，提出数字化基础设施能力、数字化治理能力及跨越数字鸿沟和陷阱的能力是零售业数字化能力的重要构成内容，对推动零售企业和供应链的数字化转型具有重要意义。周文辉等（2020）提出了"数字化动态能力"的概念，通过案例研究提炼出创业孵化平台的发展阶段为蓄能期、育能期和赋能期，并阐释了各阶段所对应的数字化动态能力，分别为数字化组织能力、数字化运营能力和数字化共创能力。Abbate 等（2021）从动态能力理论视角展开研究，探讨了开放式创新数字化平台进行协同创新所需要具备的能力，研究发现，感知、捕捉、整合和变革能力对于维持共同创造和探索新的价值具有重要作用。侯光文等（2022）认为，数字化转型能力是增强企业竞争优势的一种动态能力，并提出数字化转型信息整合能力和数字化转型技术应用能力是数字化转型能力的重要内容，对于推动企业及其供应链的创新绩效具有重要作用。

第三节　数字化能力培育的挑战

高德纳公司的《2023年度董事会调查》显示，数字化转型已然是当今商业战略的一大基石，有89%的企业将数字业务视为其业务增长的核心，该研究的另一项统计数据也显示：在这些企业中，只有35%的企业实现了自己的数字化目标或正在实现这一目标。这更加表明企业需要拥抱变革，并采用一种更灵活和更具前瞻性的方法来优化数字化转型技能，以克服挑战并实现数字化转型。拥有正确的能力对于成功实现数字化转型来说至关重要。考虑到数字化业务的动态特性，这些能力远不止技术技能这么简单，还面临以下诸多挑战。

一、缺乏明确的战略路线

企业在培养数字化转型能力时，缺乏明确的战略路线将面临诸多挑战。一方面，数字化转型并非单一技术问题，而是一个综合性的战略性任务。在制定数字化转型战略路线时，首要任务是明确企业的数字化愿景和目标。这不仅包括对内部流程的优化和提升，还需要考虑与外部环境的对接，探索新的商业模式和服务。缺乏明确的战略路线，企业很难在数字化转型中找到正确的方向，可能导致资源的浪费和转型过程的混乱。

一个完善的数字化转型战略路线应该包括详细的计划和步骤，明确所需资源和时间表。这个路线不仅要考虑技术层面的需求，还需要充分考虑人才、组织文化、市场需求和合作伙伴的数字化水平等方面的因素。企业需要建立起一支具备领导力、战略规划、沟通和创造力等非技术性技能的团队，这些技能在数字化转型中同样至关重要。只有拥有这些技能的团队，企业才能更好地应对数字化转型中的各种挑战，推动数字化战略的顺利实施。

此外，数字化转型中的关键利益相关者的参与也至关重要。这些利益相关者可能包括企业高层管理人员、员工、合作伙伴、客户等。他们的参与不仅可以为数字化转型提供更多的资源支持，还能够为数字化转型提供更多的创新思路和建议。通过与这些关键利益相关者的深入合作，企业可以更好地理解市场需求，调整数字化转型策略，提高转型的成功率。

在实施数字化转型时，企业还需要具备灵活性和创新性。随着市场环境的不断变化，企业的数字化转型战略可能需要不断调整和优化，建立起一种创新、协作和弹性的文化，鼓励员工提出新的想法和建议，鼓励团队间的合作与交流。只有通过持续的创新和灵活的应变能力，企业及其供应链才能在数字化转型中保持竞争优势，实现持久的成功。

举例来说，在医疗行业，一些企业正在通过数字化转型超越传统的医疗服务，与供应链合作伙伴一起，搭建更深刻的个性化精准医疗解决方案。这不仅需要技术层面的支持，更需要战略制定和产品管理等非技术性技能的发挥。企业需要深入了解市场需求，明确需要聚焦的问题，权衡机会和风险，然后果断执行，推动数字化转型取得实质性的进展。

二、缺乏管理能力

业务部门之间缺乏协作将严重阻碍企业及其供应链数字化转型的进程，使跨部门与跨企业协作难以实现，从而使企业无法充分享受数字技术所带来的种种好处。为确保数字化转型顺利进行，企业必须加强内外部业务关系管理。

内部业务关系管理的核心在于保持企业对内外部信息技术投资与业务目标的一致性，确保业务部门和职能部门的利益相关者能够理解和全力支持数字化转型工作。然而，许多企业的关键岗位（如业务流程所有者和 IT 业务合作伙伴）一直存在空缺。企业高管们很难找到具备合适技能且能够胜任此职位的管理者。解决这一问题的关键在于提供定制化的培训计划，培养内部员工的管理技能，或者积极与外部合作伙伴合作，寻求专业的培训和咨询服务。

客户体验管理在数字化转型中的地位愈发重要。在数字化转型的更高级阶段，了解客户需求和期望变得比以往任何时候都关键。提升客户体验是解决方案采用率和收益率最大化的关键。传统的净推荐值已经无法满足需求，客户体验管理要更加主动。企业应该通过彻底的客户调研、反馈收集和分析客户体验地图，辨识出需要改进的领域。这些信息将帮助企业创建以客户为中心、直观且个性化的数字体验，提高客户满意度和忠诚度。利用数字技术，如人工智能，可以实现跨渠道无缝转换，分析客户对话走向，及时调整互动方式。这种超越传统定期调查的能力将成为企业未来的关键竞争力。

数字化转型中另一重要利益相关者——供应商，同样必须充分参与。将利益相关者的参与置于优先地位，有助于更快地实现数字化转型。这项任务必须在数字化转型的早期阶段完成，以便及早解决利益相关者的疑虑。通过这种方式，利益相关者将感到自己切实参与到了决策中，减少对变革的抵制。

此外，项目管理能力和执行力的不足可能导致计划不周，资源分配不当及项目监督不力，从而对数字化转型造成阻碍。项目延误和预算超支也可能随之而来。为此，应该实施严格的项目管理举措，包括明确规定项目目标、可落实的时间表、利益相关人员的积极参与、定期进度追踪及高效的风险管理。使用项目管理工具和方法，提高协作沟通和任务管理的效率也是必要的。同时，明确团队成员的角色和职责，确保每位员工了解自己的任务，有助于项目的顺利推进。通过加强这些方面的管理能力，企业可以更加顺利、高效地实现数字化转型，迎接未来的商业挑战。

三、保持业务增长的同时进行转型

实现数字化转型不仅是一项技术升级，更是一场深刻的业务变革，这种变革贯穿企业的内外部流程，有时甚至产生颠覆性革新。在这种剧烈的动荡变化中，企业需要在保持业务增长的同时完成转型，这恰恰是很多企业面临的挑战，也是很多企业"不敢转"和"不能转"的根源之一。具体来说，在推动企业及其供应链的数字化转型目标实现时，存在以下两个关键方面需要不断地进行探索和优化。

（一）保持业务增长的同时完成创新与数字技术投入

企业需要建立一个强大的数字化基础设施，包括高效的信息和通信技术（ICT）系统、云计算、大数据分析等。这样的基础设施可以为企业提供更好的数据管理和分析能力，帮助企业更好地理解市场趋势、客户需求及供应链运作的细节。

当然，培养数字化文化和技能是至关重要的。企业需要确保员工具备适应数字技术的能力，可以通过培训和发展计划来提高员工的数字素养。此外，鼓励员工提出创新想法，并建立创新团队，以推动数字化转型的进程。这样的文化有助于激发员工的创造力，推动企业朝着创新和数字化的方向发展。

同时，要与供应链合作伙伴建立紧密的关系。共享数据、信息和最佳实践，可以帮助整个供应链更好地协同工作，提高运营效率。数字化技术的采用需要供应链各环节的协同配合，因此，建立开放、透明的合作关系是非常重要的。

此外，企业可以利用创新投资和合作来推动数字技术的应用。与科技公司、初创企业合作，共同研发和应用新的数字技术，可以加速企业的创新步伐。投资研发和实验性项目，这也是推动数字化转型的有效途径，使企业能够更好地适应不断变化的市场需求。

（二）从业务布局中找到转型的空间

通过数字化转型，企业可以优化供应链的各环节，实现更高水平的协同与协调。这包括从生产、仓储到物流的全过程数字化，有助于降低运营成本、提高生产效率，并更好地适应市场变化。实时数据分析和监控系统的应用，能够使企业更灵敏地做出决策，更好地预测市场需求，从而更好地满足客户的期望。

同时，数字化转型也是可持续发展的关键一环。通过优化资源利用、降低能源消耗，企业可以减少对环境的不良影响，实现更加环保和可持续的发展。数字化技术还可以用于建立责任链，有助于监控供应链中的社会和环境标准，进一步提升企业的社会责任感。

四、组织结构层面的挑战

企业组织结构的问题可能导致内外部业务流程难以整合，从而影响建立互动性强的业务单元。以传统的通用电气企业为例，通过整合各业务流程，采用数字化操作方式，并将焦点放在技术应用和产品生态结合上，有助于在转型过程中将工作集中在一起。这种方法可以使分散在不同部门的工作得以整合，使得一个独立部门发出业务单元指令时，其他部门能够迅速响应。构建这样一种新型的业务结构模式可以提高企业内部业务空间的利用效率。同时，数字化操作方式有利于企业上下游合作伙伴对业务的理解、协同，减轻信息化带来的信息不对称现象。

此外，转型需要的空间、时间和成本等逐渐成为各企业的负担。从利润空间的角度考虑，企业可以基于自身的业务单元重新组织内部结构，这将成为传统企业数字化转型的一个主要方向。通过重新规划组织结构，企业能够更好地适应数字化转型的需求，实现内部资源的优化配置，提高效率和灵活性。从协同协作的角度来看，企业调整组织结构有利于向外辐射影响力，通过更有效的内外部联结，主动或被动适应合作伙伴的数字化转型需求，实现原材料和成品在企业外部的流转，提高效率和弹性。

随着数字技术的不断发展，衍生出的场景和功能也变得日益丰富。大数据等技术不仅简化了企业构建自身内容生态的流程，还能根据其预测功能布局新的业务。这些技术不仅为企业提供了更广阔的发展空间，也成为带动企业业务增长和提高收益的关键因素。因此，在数字化转型中，企业应积极把握这些技术，结合自身需求，灵活运用，以实现持续创新和竞争优势。

五、落后的系统和基础平台

在数字化转型的浪潮中，由于陈旧系统和基础平台的局限，企业面临重大挑战。这些过时的系统常常缺乏在现代数字环境下所必需的灵活性、可扩展性和集成能力。为此，企业应对现有系统进行深入的评估，以识别哪些领域亟须进行现代化改造或更换。实现平稳过渡的关键在于采取有序、分阶段的策略。首先，企业应当优先考虑转向基于云的解决方案。其次，采用可扩展的服务平台，以此构建一个既灵活又能适应未来技术发展的架构。为确保过渡顺利，企业应当制定一份详尽的系统升级与替换路线图，并将整个过程细分为多个易于管理的阶段，以便更有效地监控和控制项目进展。

在数字化转型的过程中，数据技能的重要性日益凸显，而恰当的设计方案成为转型成功的关键因素。从选择合适的技术方案、理解系统的扩展性，到提升系统的适应性，这一切都需要基于对数据及其使用方式的深入理解和思考。鉴于大多数数字化转型项目都涉及多系统的集成，因此，数据的敏感性和准确性尤为关键。在整个转型过程中，企业必须重视数据质量，确保数据的一致性和准确性，为数字化转型提供坚实的数据支撑。

随着数字战略的不断演进，整合能力已成为一项极具价值的技能。在数字化转型的初期，企业通常将注意力集中在探索和投资新技术上。然而，随着时间的推移，数字化转型的焦点逐渐转向整合、完善和扩展现有数字计划。企业更注重将数字解决方案融入核心运营、服务和产品中，同时努力在各业务和职能部门之间建立无缝整合。这种数字化整合能力不仅提高了业务的协同效率，还为企业提供了更灵活的发展空间，使其能更好地适应市场变化和技术发展。因此，在数字化转型中，注重培养和提升整合能力是至关重要的。企业可通过培训等途径，提高内部团队的整合能力，以便更好地应对数字化转型的挑战。

六、企业内外部对于数字化转型引发的变革的抗拒

根据社会认知理论（Social Cognitive Theory，SCT），个体、个体行为及其所处的环境之间存在着密切且相互作用的关系。在这个框架中，个体倾向于选择性地关注对自己有意义的信息，同时忽视那些个体认为不重要的信息。这种认知过滤方式导致个体或组织在处理与环境的关系时采取不同的态度和策略，从而导致他们的行动产生差异。特别是在企业数字化转型的大背景下，这种"进退维谷"的状态尤为明显。

Gupta（2008）的研究指出，在数字化转型和变革的过程中，除企业愿景外，高层管理人员（领导者）、中层管理人员（缺乏专业知识）和基层员工的认识缺乏等因素是企业面临的主要障碍。Li等（2018）的研究进一步发现，尽管数字化转型已成为主流趋势，但多数企业仍缺乏实现这一转型所需的技能和思维方式。这些不足导致企业对变革的抵制及低效的领导，从而使数字化转型的步伐放缓。美国麻省理工学院和凯捷管理顾问公司（Capgemini）的研究更加明确地指出，数字化转型面临的主要挑战不仅是技术问题，更多的是与人员和管理理念相关。

姚小涛等（2022）的最新研究指出数字化转型是一种深刻的组织变革，需要全体员工的共同参与。当员工感觉到数字化转型可能威胁到他们的工作安全时，他们可能会有意识或无意识地抵制这种变革。具备数字领导力的管理者可以积极地接受数字化环境中的变化和颠覆，深刻理解数字技术对企业的价值。

在数字化转型的过程中，组织变革的推动不仅需要结构的调整，还需要组织中的各角色——包括变革的提出者、倡导者、执行者，以及反对者和抗议者的共同参与。这些行动者之间的利益冲突本质上源于组织内部的各种社会结构，对利益的重新分配和观念的重塑也是应对结构变革的方式。因此，组织内的决策者、中低层管理人员和基层员工对数字化转型变革的态度，取决于他们对外部环境的认知和理解。他们对组织变革可能产生的担忧，如担心知识和技能的过时，可能会阻碍组织采用信息通信技术基础设施，影响数字化整合能力的提升，以及数字化整合所带来的经济效益。

同时，企业供应链合作伙伴在应对数字化转型引发的变革时，也可能表现出一定的抵抗。这种抵抗可能源于技术和操作方式的变化，这些变化可能影响合作伙伴之间的工作流程和沟通模式。部分合作伙伴可能需要时间来适应新技术和系统，从而表现出不适和担忧。此外，数字化转型通常要求更多的信息共享和数据互通，这可能引发合作伙伴之间对数据隐私和安全性的担忧。企业需要确保在数字化转型过程中信息流动的安全，以建立信任，但合作伙伴可能仍对数据泄露和安全隐患感到担忧，从而抵制数字化转型的推进。

供应链合作伙伴的文化差异和业务习惯也可能是其抗拒数字化转型的原因之一。数字化转型可能要求不同的合作伙伴之间进行更紧密的协作，以共同实现数字化目标。然而，合作伙伴可能因为文化差异和业务流程的不同而对协同工作产生疑虑，担心数字化转型会干扰到他们的独立性和操作方式。一些合作伙伴担心数字化转型会改变自己在供应链中的角色，甚至可能被取代。这种担忧可能源于对新技术影响的不确定性，以及对数字化转型背后战略意图的理解不足。

因此，企业在推动数字化转型时需要认真考虑并解决合作伙伴的担忧和抗拒。

通过积极的沟通、培训和信息安全保障，可以帮助合作伙伴更好地理解数字化转型的必要性和益处，进而促进共同合作，实现供应链数字化转型的顺利进行。

七、人才缺口

人瑞人才联合德勤中国发布的《产业数字人才研究与发展报告（2023）》指出，大量数字化、智能化的岗位相继涌现，相关行业对数字人才的需求与日俱增，人才短缺已经成为制约数字经济发展的重要因素，也是企业培育数字化转型能力时面临的主要阻碍之一。数字化转型人才缺失主要体现在以下几个方面。

（1）数字化转型涉及多个领域的知识，包括大数据分析、人工智能、物联网、云计算等。企业需要拥有能够理解、应用和整合这些技术的专业人才，以便将数字化解决方案有效地应用到供应链管理中。

（2）数字化转型依赖于数据的收集、分析和利用。企业需要有数据科学家和分析师等人才，能够从海量数据中提取有用信息，以优化供应链流程、预测市场趋势和提高客户满意度。

（3）缺乏具备数字化战略规划能力的人才，企业很难确定正确的数字化转型方向。这些人才需要理解业务需求、市场趋势和技术创新，并能够将它们整合到企业的战略规划中，为数字化转型提供指导。

（4）数字化转型要求企业将整个供应链过程数字化，包括供应商、制造商、物流服务提供商和客户等多方的协同合作。因此，缺乏建立供应链数字化网络的人才，将导致协同合作和信息共享的困难。

（5）数字化转型通常涉及企业文化的变革，需要领导者具备变革管理的能力，以使员工能够适应新的数字化工作方式和流程。缺乏这方面的人才会导致数字化转型计划推进困难。

解决这些问题需要企业采取综合性的人才发展策略，包括内部培训、招聘外部人才、与高校合作培养专业人才等。此外，企业还需要鼓励员工不断学习和提高数字化技能，以适应快速发展的数字化环境。同时，企业还可以通过建立知识网络，以促进个人和外部各方之间知识和专业经验的共享和交流。这些可以是非正式的社交网络和在线社区，也可以是更正式的协会形式。在这种知识网络中，个人能够交流、协作、共享知识和积累专业经验。只有建立起强大的数字化人才团队，企业才能更好地应对数字化转型带来的挑战，实现企业及其供应链的创新和竞争力的提升。

八、数据安全风险

数字化转型带来了大量数据的共享交换，在前期发展阶段，各系统之间、各部门之间、内部与外部之间会进行大量数据共享交换，当数字化转型发展到一定阶段时，各行业之间、各产业之间同样会进行数据共享交换，加速产业融合发展，这些数据的流动在带来巨大价值的同时，也带来了极大的安全风险。

（1）数据泄露和隐私问题。企业在数字化转型中收集的大量数据中可能包含客户的个人信息，如姓名、地址等。如果这些数据被黑客攻击或内部泄露，将导致客户隐私泄露，损害企业声誉，甚至引发法律责任。

（2）商业机密和竞争力问题。在企业的供应链数据中可能包含商业机密、产品设计、市场战略等敏感信息，如果这些信息泄露给竞争对手，将造成企业竞争力下降，甚至引发更严重的后果。

（3）数据篡改和伪造问题。攻击者可能通过篡改企业数据来制造假象，导致企业做出错误决策。在供应链中，伪造的数据可能导致库存错误、生产计划混乱等问题，影响企业正常运营。

（4）服务中断和勒索软件攻击。恶意软件攻击可能导致企业服务中断，生产停滞，甚至要求企业支付赎金。这种攻击不仅对企业造成财务损失，还会严重影响客户信任。

为解决这些问题，企业需要建立健全的数据安全保障体系，包括但不限于：强化数据加密和存储安全；建立访问权限和监控机制；在企业内部网络中部署防火墙和安全软件，及时发现和阻止潜在的网络攻击；定期安全审计和培训；建立紧急响应计划等。另外作为政府，也应该强化对数据和信息监管法律的完善和制定。

第四节　数字化能力的构成要素分析

除了传统信息通信技术，在大数据、云计算、人工智能等新型数字技术不断普及的大背景下，企业要想提高数字技术投资的有效性，保证数字化转型的可持续性，需要配以相关的组织文化、组织结构和战略等其他互补性资产，以确保其能满足快速变化的环境下经营发展的需要和竞争优势的维系。数字化转型的关键不仅是数字技术和设备的使用，更是组织变革。通过前文对数字化能力的多理论解释和企业培育数字化能力时面临的困境的分析，基本确立了企业数字化能力构成的关键维度，即数字化战略能力、数字化管理能力、数字化运营能力、数字化整合能力、数字化人才管理能力及数据与安全能力，如表 7-1 所示。

表 7-1　数字化转型能力的二阶框架

一阶能力	二阶能力
数字化战略能力	愿景与蓝图规划
	价值创造
	商业模式创新与变革管理
	目标与绩效管理
数字化管理能力	组织管理变革
	组织结构优化
	组织学习系统
	组织文化塑造
数字化运营能力	采购管理
	生产管理
	财务管理
	营销管理
	研发管理
	客户关系管理
数字化整合能力	供应商协同整合
	分销商协同整合
	内部协同整合
数字化人才管理能力	人才招聘
	人才管理
	企业培训体系
数据与安全能力	数据分析能力
	数据治理能力
	安全管理能力

一、数字化战略能力

企业应将"数字化转型"视为企业级转型战略的重要组成部分，以战略为指引，在高层次上面向未来，在方向性、全局性的重大决策方面开展数字化转型。其主要包括愿景与蓝图规划能力、价值创造能力、商业模式创新与变革管理能力和目标与绩效管理能力四个方面。

（一）愿景与蓝图规划能力

（1）制定数字化愿景。数字化愿景应符合企业的使命和价值观，同时能够适应市场的变化和未来的趋势。企业领导层需要具有对行业和技术发展的深刻洞察力，以确定一个具体、清晰的数字化愿景。

（2）制定企业数字化转型的详细蓝图。数字化蓝图规划不仅包括技术方面的规划，还包括组织结构、文化变革、风险管理等方面的规划。蓝图需要具体到每个业务流程和部门，甚至每个合作伙伴，以确保每个环节都能够无缝衔接、高效运作。

（3）整合业务和技术。数字化蓝图规划需要平衡业务需求和技术能力。业务部门的需求应与技术部门的创新能力相结合，企业内部生产运营应与供应链上下游业务体系协同，以确保数字化转型能够实现业务增长和竞争优势。

（二）价值创造能力

（1）数据驱动决策。企业需要建立数据分析团队，掌握数据挖掘、机器学习等技能，以便从海量数据中提炼有用信息。这些信息可以用于产品改进、市场预测、供应链韧性分析、客户行为分析等方面，为企业决策提供可靠支持。

（2）提供全方位客户价值。数字化转型不仅是技术的革新，更是客户体验的升级。企业需要加大客户界面设计、客户体验优化等方面的投资，以确保客户在使用产品或服务时能够获得愉快、高效的体验。

（三）商业模式创新与变革管理能力

（1）拥抱创新文化。鼓励创新的企业文化是商业模式创新的基础。应当鼓励员工提出新想法，并且企业应当有能力识别、培养和推动这些创新想法的实施。

（2）变革管理与领导力。数字化转型通常伴随着组织结构的调整和文化的变迁。领导层需要具备变革管理的技能，包括沟通、决策、团队建设等，以便顺利推动变革，并且确保组织内外的利益相关者都能够理解和支持变革。

（四）目标与绩效管理能力

（1）设定 SMART 目标。目标设定需要具体（specific）、可衡量（measurable）、达成可能（achievable）、相关联（relevant）和有时限（time-bound）。确保目标是明确的、具体的，并且能够通过一定的指标来衡量。

（2）绩效管理与反馈循环。建立绩效管理体系，包括关键绩效指标，以监测数字化转型的进展。定期的绩效评估应当与员工/供应链激励体系相结合，以确保所有利益相关者的努力与数字化战略的实施目标保持一致。

二、数字化管理能力

企业在数字化转型的进程中，数字化管理能力的建立是保障企业数字化转型的可持续性、支持企业及其供应链可持续发展目标实现的核心能力。数字化管理能力反映了企业对数字化转型的重视程度及企业形式和管理体系对数字化转型的适应水平。随着数字化技术在企业生产经营中的全面应用，尤其是当外部环境或用户需求发生变化时，早期实践中未引起足够重视的管理问题成为制约企业数字化转型的重要因素。例如，前期管理体系不清晰导致具体的数字化转型业务的实施路径和方法较为模糊，或者虽然制定了较为详细且可执行的规划，但高管之间未建立起统一认知，造成实施效果并不理想；缺乏有效的学习系统让企业存在"惰性"，最终导致从领导层到基层员工都缺乏对数字化转型的了解；数字化转型文化的缺失，抑制了企业内部各层级迎接挑战的勇气，团队内系统性和创新性的成长理念受到限制，同时员工主动提高自身数字化能力的动力也不足；复杂的冗长的管理链条让数字化很难真正实施下去，最终被管理层级阻碍。数字化浪潮的掀起，对市场竞争格局和竞争强度产生了全面而深刻的影响，进一步加深了企业数字化转型过程中的不确定性和模糊性。因而，企业要想对新技术、新产品及其他市场变化做出及时响应，维持竞争优势，势必需要建立起一套敏捷、能快速决策和高绩效的数字化管理体系。

（一）组织管理变革

组织战略是指企业为实现数字化转型所进行的前期准备工作的战略，反映了组织从战略上对数字化转型的重视程度，引导企业数字化转型的方向。组织战略不仅包括未来愿景、行动纲领等的制定，还包括战略从上到下的一致性，以及在资金和人才方面的投入情况。

（二）组织学习系统

企业对外部市场环境变化的适应能力是影响转型能力的重要因素，研究表明，组织学习能力越强，越能促进战略转型能力的提升。一方面，企业组织学习能力的加强有利于提升管理者数字化知识和员工的数字化技能，为创造全新产品或开辟新市场提供了条件，从而加速企业的数字化转型进程；另一方面，组织学习能力的提高有助于企业把握市场机遇，发展应对市场环境变化的能力，提高组织的适应能力。

（三）组织结构优化

组织结构强调组织在层级的设置、建立数字化转型跨职能团队及相关数字化合作方面为推动数字化转型所做出的努力。在快速变化的数字化环境下，原先金字塔般的组织结构无法高效地响应外部环境变化，在一定程度上制约了企业的数字化转型效率。精简的组织层级设置、跨职能团队的建立及开展数字化合作成为提高企业数字化转型能力的必要条件。事实上，适应数字化转型的组织结构已成为企业进行数字化转型的关键维度。公司需要灵活的组织结构来执行数字化转型，并在快节奏的环境中保持转型能力。此外，组织与高校和科研机构开展数字化合作也是提高数字化转型能力的重要手段。

（四）组织文化塑造

组织文化是组织内被广泛认可的、隐性的价值观，是企业启动数字化转型的必要能力。组织文化与战略、组织结构等要素协同作用，可影响组织转型的有效性。随着企业数字化转型的进行，组织内的核心价值观需要更新，以匹配数字化转型的目标，包括培养组织承担风险的意愿、建立以客户为中心的理念，以及促进及时和开放的沟通。如果企业无法将数字化转型目标和组织文化相结合，可能会造成数字技术应用缓慢、市场竞争力下降和生产效率难以提高等问题。

三、数字化运营能力

数字化运营能力反映企业利用数字化技术在研发设计、生产管理及经营管理等方面的能力。数字化运营能力是推动企业数字化转型的基础力量，有利于增强企业转型的信心，赋能企业创新发展。

（一）数字化采购能力

采购管理的数字化是指利用人工智能、大数据等技术，全面赋能采购计划、采购执行、采购履约的全采购过程和供应商的管理，以实现采购成本的降低、采购风险的管控及间接的价值创造。采购作为企业价值链运作的重要环节，数字化采购能力的提升对于提升企业整体数字化转型能力具有重要意义。

（二）数字化生产能力

制造企业生产管理的数字化是指在生产过程中基于数字化技术的应用实现生产过程的自动化、可控化、产品模块化生产，以及建立协同制造平台，它决定了企业将研发成果转化为可生产的产品或服务的能力，是制造企业数字化转型的关键环节。

（三）数字化财务管理能力

数字化财务管理能力是企业进行数字化转型的重要支撑手段。财务管理的数字化转型是指通过基于云计算、大数据等技术的应用提高财务信息质量、重构财务管理的过程，进而赋能业务、优化资源配置并支撑决策制定。财务管理作为企业经营管理的核心部分，其数字化转型能力的提升使财务部门更加善于捕捉数据所带来的强大力量，为转型目标的实现提供保障。

（四）数字化营销能力

营销管理的数字化是指借助数字化工具对客户需求、市场信息等进行分析，进而推动决策分析，提升客户体验，最终达到业务量增长的目的。在数字经济时代下，由企业主导的营销管理模式很难跟上市场需求的变化，客户逐渐成为具有市场选择权的个体，客户行为的变革使数字化营销能力的提升成为企业增强整体数字化转型能力不可缺少的环节。

（五）数字化研发能力

研发设计的数字化转型不仅指在产品设计和工艺方面采用新技术，还包括开放化的研发模式。一方面，在数字化时代下，企业在其领域不可能具备所有的技术、资源和能力，只有通过开放式的研发网络，凝聚新思想，汲取新智慧，才能突破技术瓶颈，不断发展壮大；另一方面，数字化技术在产品设计和工艺流程上的应用对于提高研发效率和产品质量具有重要作用。因此，数字化研发为企业数字化转型能力提升提供了强劲动能。

（六）客户关系管理能力

在数字化时代，客户关系管理（CRM）不仅是企业成功的关键，也是企业数字化转型能力培育的核心要素之一。企业数字化转型旨在提高效率、创造更好的客户体验，并在市场中保持竞争力。而客户关系管理能力在数字化转型中扮演着关键的角色。

（1）提供更加出色的个性化服务。客户管理能力使企业能够更好地了解客户需求、喜好和行为。通过数字化技术，企业可以收集、分析大数据，从而洞察客户的需求，预测客户行为，提供个性化的产品和服务。这种个性化服务不仅提高了客户满意度，也增加了客户忠诚度。

（2）更有效地强化客户互动。CRM系统可以帮助企业建立更紧密的客户关系。通过数字化渠道，企业可以与客户实现多渠道互动，包括社交媒体、移动应用、在线聊天等。这种互动不仅增加了客户与企业的联系，还提供了更多了解客户需求的机会，及时回应客户反馈。

（3）更好地改进产品和服务。通过客户反馈和数据分析，企业可以了解客户对产品和服务的评价和建议。这些反馈信息可以帮助企业改进产品设计、提高服务质量，从而更好地满足客户需求。数字化转型使企业能够更迅速地响应客户的反馈，推出符合市场需求的产品和服务。

（4）更好地提升销售和营销效果。通过CRM系统，企业可以进行精准营销，针对特定客户群体推出定制化的促销活动。这种精准营销不仅可以提高销售转化率，还可以降低市场推广的成本。

四、数字化整合能力

在数字化时代，企业不仅要实现自身的数字化，还需要与外部合作伙伴实现数字化整合。数字化整合能力，涉及供应链、分销网络、监管机构和内部团队等多个层面，是企业数字化转型中至关重要的一环。

（一）供应商协同整合

在现代商业环境中，企业很少是孤立的实体，其还要依赖于各种供应商提供的原材料、零部件和服务。数字化供应商协同整合能力涉及与供应链上下游合作伙伴建立高效的数字化沟通与合作机制。具体来说，其还要包括以下几个方面。

（1）实时信息共享。通过数字化平台，企业可以与供应商实现实时信息共享。这种能力使企业能够更好地了解供应链上的各环节，包括库存状况、生产进度、交货时间等。这种实时信息的共享，可帮助企业更好地做出计划和决策、减少库存压力、提高生产效率。

（2）预测性分析。数字化供应商协同整合还包括预测性分析，通过大数据技术，分析历史数据、预测市场需求和供应链波动。这种能力使企业能够提前调整生产计划，确保在需求激增时能够迅速满足市场需求，避免库存积压和销售瓶颈。

（3）智能采购。数字化技术使采购过程更加智能化。通过数据分析，企业可以更好地了解供应商的绩效，选择更加稳定和优质的供应商。此外，智能采购还包括智能定价、智能交易等功能，使采购过程更加高效。

（二）分销商协同整合

分销商是企业产品流向市场的关键环节，数字化分销商协同整合能力涉及与分销商建立更加紧密的合作关系，以实现销售渠道的优化和管理。

（1）信息透明。通过数字化平台，企业可以与分销商实现信息透明。企业可以实时了解产品的销售状况、市场需求、库存情况等。这种信息的透明，可帮助企业更好地制定销售策略，提高市场反应速度。

（2）市场分析。数字化分销商协同整合能力还包括市场分析，通过大数据技术，分析市场需求、竞争对手、消费者行为等信息。这种市场分析的能力，使企业能够更好地了解市场趋势，制定合适的销售策略。

（3）销售预测。数字化分销商协同整合还包括销售预测。通过数据分析，企业可以预测不同产品在不同市场中的销售状况。这种能力使企业能够更好地调整生产计划，确保产品能够在市场中畅销。

（三）内部协同整合

内部协同整合能力是企业数字化转型的基础，涉及企业内部各部门之间的沟通与合作，确保数字化战略在整个企业内部得以贯彻执行。

（1）团队协作与沟通。数字化技术可以帮助企业实现团队协作与沟通的高效性。企业可以利用协同办公软件、在线会议工具等，促进内部团队的沟通与合作，确保信息畅通。

（2）数据共享与知识管理。内部协同整合还包括数据共享与知识管理。通过数字化技术，企业可以建立统一的数据平台，实现数据的共享与流通。同时，企业可以建立知识库，将员工的知识和经验进行整合，方便员工学习与使用。

（3）数字化协同整合能力是企业数字化转型中不可或缺的一部分。企业通过与供应链内部、上下游及政府等监管机构建立高效的数字化协同合作机制，以实现信息的共享、合作的高效性、决策的智能化，进而提高企业的竞争力和可持续发展能力。在数字化协同整合的道路上，企业需要不断创新，结合最新的数字化技术，建立灵活、高效的协同合作模式，以应对市场的快速变化和激烈的竞争。

此外，要想建立更广泛的数字化整合能力，企业还需要与政府之间形成协同整合，包括与政府建立合规性沟通机制、政策解读与执行等。首先，企业需要与政府建立合规性沟通机制，及时了解政府的最新政策、法规，确保企业的经营活动在法律法规范围内。通过数字化技术，政府可以向企业传递政策信息，企业也可以向政府报送相关信息，建立高效的沟通渠道。其次，政府的政策和法规通常较为复杂，企业需要进行政策解读，确保自身的经营活动符合政府的要求。数字化技术可以帮助企业更好地理解政策，确保政策的正确执行。

五、数字化人才管理能力

企业数字化转型的成功与否在很大程度上依赖于数字化人才的管理能力。这一管理能力涉及人才的招聘、管理和培训。

（一）人才招聘

（1）招聘策略优化。企业应该优化招聘策略，明确数字化转型所需的人才类型。招聘不仅应关注技术能力，还要注重应聘者的创新思维、问题解决能力和团队合作精神。面向数字化转型的招聘需要更加注重候选人的适应性和学习能力，因为数字技术在不断进化，员工需要具备快速学习和适应新技术的能力。

（2）招聘渠道多样化。除了传统的招聘渠道，企业还应积极利用社交媒体、行业论坛、高校合作等渠道拓展人才资源。此外，建立与技术人才社区的联系，参与开发者活动，能够更好地吸引到有潜力的数字化人才。

（二）人才管理

（1）培养协作文化。数字化转型需要协作思维和跨团队合作，企业应该培养开放、包容的协作文化，鼓励员工在实现企业目标时跨团队甚至跨组织协作。搭建在线协作平台，鼓励员工在平台上分享创意和经验，促使协作成果不断涌现。

（2）赋予自主权和责任。为了培养数字化转型人才，企业需要给予员工更多的自主权和责任。激发员工的创造力和自主性，让他们在项目中拥有决策权和执行权，培养他们独立解决问题的能力。

（3）定期评估与反馈。建立定期的绩效评估体系，这不仅可以衡量员工的工作表现，还能够及时发现并培养潜力员工。同时，提供及时的反馈，指导员工改进，鼓励他们在数字化转型中发挥更大的作用。

（三）企业培训体系

（1）持续培训和学习。建立持续的培训计划，包括内部培训、外部培训和在线课程等，帮助员工不断学习新知识、新技能。这些培训可以涵盖技术知识、沟通能力、创新思维等方面，使员工具备应对数字化挑战的综合能力。

（2）知识共享和团队学习。鼓励团队成员之间的知识共享和团队学习。可以建立内部知识库，记录和分享团队成员的经验和教训。定期组织团队学习活动，邀请内外部专家进行培训和经验分享，使团队在数字化领域得到共同提升。

（3）导师制度的建立。建立导师制度，由有经验的高级员工担任新员工的导师，进行一对一的培训和指导。导师制度有助于新员工更快地适应企业文化和业务需求，提高其在数字化转型中的投入和贡献。

六、数据与安全能力

在数字化时代，数据被认为是企业最宝贵的资源之一。企业数字化转型不仅关乎技术的升级和业务流程的改进，更关乎数据的收集、存储、分析、治理与保护。因此，数据与安全能力在企业数字化转型中起着至关重要的作用，以下详细论述企业数字化转型中的数据与安全能力培育。

（一）数据分析能力的培育

（1）数据收集与整合。企业需要建立高效的数据收集机制，从各业务环节和外部搜集数据。这包括客户行为数据、市场趋势数据、产品使用数据等。同时，企业还需要具备整合多源数据的能力，将分散的数据整合为一体，形成全面的数据视图。

（2）数据分析与洞察。数据分析是数字化转型中的核心能力。企业需要拥有数据分析专家和先进的分析工具，能够从海量数据中提取有用的信息和洞察。数据分析帮助企业了解客户需求、优化产品设计、改进营销策略等，为业务决策提供了有力支持。

（3）实时数据处理。随着业务的数字化，实时数据处理能力变得至关重要。企业需要在数据产生的同时进行实时处理和分析，以便迅速做出反应。实时数据处理有助于提高客户服务效率、增强市场竞争力。

（4）数据驱动的决策。企业需要建立数据驱动的决策文化，即通过数据分析和洞察，指导企业战略的制定和调整。数据驱动的决策依赖于准确的数据、高效的分析和领导层的数据驱动思维。这样的决策方式更加客观、科学，有助于企业在竞争中取得优势。

（二）数据治理能力的培育

（1）建立数据治理框架。组织需要建立一个清晰的数据治理框架，这包括制定数据标准、政策和程序，以及确定数据治理的角色和责任。

（2）培训和教育。组织内的成员需要接受有关数据管理实践的培训，这包括数据质量管理、数据安全和隐私保护的培训。

（3）技术工具和平台。利用先进的数据管理和分析工具，帮助团队更有效地进行数据治理。例如，使用数据目录工具、数据质量管理工具和数据整合平台。

（4）跨部门协作。鼓励跨部门之间的沟通和协作，以确保数据治理策略的一致性和有效性。

（5）创建数据治理委员会。成立一个跨部门的数据治理委员会，负责监督数据治理计划的执行，并处理与数据相关的战略问题。

（6）持续改进。数据治理是一个持续的过程。定期回顾和更新数据治理策略及实践，确保它们能够适应不断变化的业务需求和技术环境。

（三）数据安全能力的培育

（1）数据隐私与合规。随着数据收集和使用的增加，保护用户隐私和遵守相关法规成为企业的责任。企业需要建立严格的数据隐私保护机制，确保用户数据的安全存储和合法使用，以免触犯法律法规。

（2）网络安全与防御。企业面临各种网络威胁，包括网络攻击、恶意软件等。为了保护数据的安全，企业需要建立健全的网络安全体系，包括防火墙、入侵检测系统和数据加密等，确保数据在传输和存储过程中不受到恶意攻击。

（3）应急响应与恢复。即使做好了预防工作,企业也需要建立应急响应机制。

一旦发生安全事件，企业需要迅速做出反应、隔离受影响系统、恢复数据，并进行事后分析，以防止类似事件再次发生。

（4）员工安全意识培训。人为因素是信息泄露的主要原因之一。因此，企业需要进行员工的安全意识培训，教给员工关于信息安全的基本知识，以及如何妥善处理敏感信息等。

（5）供应链安全管理。企业的数字化转型通常涉及与供应商、合作伙伴的数据共享。因此，企业需要确保供应链中的每个环节都有足够的安全措施，防止在数据传递和共享的过程中出现安全漏洞。

在数字化转型中，数据与安全能力的培育不仅是技术层面的投入，更是组织文化和流程的全面优化。只有拥有了强大的数据与安全能力，企业才能充分发挥数字化技术的优势，确保数据的安全性、完整性和可用性，为企业的可持续发展提供坚实保障。

第八章 可持续发展视角下的数字化转型成熟度评估

麦肯锡公司发布的一份研究报告显示，企业在数字化转型的过程中遭遇显著挑战，仅有 20% 的成功率，意味着高达 80% 的企业在此过程中面临失败。值得注意的是，数字化转型的成功或失败，不好界定。数字化转型成功的概念，因个体差异和视角的多样性，呈现出不同的解释和理解。

在可持续发展背景下，将企业及其供应链实现了数字化的绩效目标作为转型成功的评估，是否是一个充分且必要的标准？即便在缺乏数据思维和数字文化的背景下，这种情况是否可被视作成功？反之，若企业已建立数字化组织架构，配置了数字化人才，培养了数字化文化，但数字化战略目标未完全实现，这是否又构成了成功？进一步，如果企业搭建了数字化基础环境，运用了各类数字技术（如云计算、大数据、人工智能等），即使数据在业务决策中的应用仍处于起步阶段，这是否可被视为数字化转型成功的一种表现？

这些反思指向一个核心命题：企业的数字化转型不是短期内就能完成的任务，而是一个长期、逐步、循序渐进的过程。它包括了从起初的筹划阶段到逐步发展和全面实施，以及持续的优化和成长，最终实现可持续发展目标的过程。因此，对数字化转型的成功或失败的评估，不应局限于单一维度。

换言之，尽管数字化转型的成功或失败难以以一种确切的定义来界定，但其本质上是一个周期性的成长过程。它始于最初的尝试阶段，随后逐渐成长，最终达到成熟。在此过程中，企业数字化成熟度的评估显得尤为关键，它助力企业明确自身在数字化进程中的所处位置，识别不足，明晰改进的方向。这种评估不仅是对企业数字化转型深度的量化，更是一个持续优化、不断演进的过程。本章汇集了学术界和实践界的经验，集合企业可持续发展目标，旨在提供一个标准的数字化转型成熟度评估框架，为企业在这一复杂且长期的转型旅程中，提供指导和帮助。

第一节　数字化转型成熟度评估的分类视角

成熟度在研究领域中指代研究对象与其理想状态之间的相对水平，它广泛用于对事物的发展成熟过程进行定量描述。作为项目管理、质量管理等领域的核心工具，成熟度模型包含了不同阶段的成熟程度划分，其主要作用是将原本不可控制、无序的操作转化为一个可控制、有序的流程。

当前，学术界和产业界正共同致力于借鉴成熟度的基本思想，以建立数字化成熟度模型。此模型的目的在于评估企业在数字化转型过程中的现状与潜力。总体而言，数字化成熟度通过一系列标准来对企业的数字化转型过程进行等级划分，从而描述每个等级的特征和状态，这已成为衡量企业数字化转型程度的主流方法。

在企业数字化转型成熟度评估方面，陆洋等（2021）提出了三种主要方法：首先是业务融合视角的评估方法，将数字化转型视为系统性的业务转型过程，其成熟度等级标准通常依据业务转型范围的广度来评估转型水平和程度。例如，可以从单一价值环节的数字化到整个工厂、企业乃至整个产业链和产业生态的数字化，按照这些维度划分转型成熟度等级。其次是数字化转型的技术驱动评估方法，根据数字化转型的不同阶段和驱动技术的变化进行分级，例如，根据数字化、网络化、智能化等标准进行分类。最后是基于能力成熟度的评估方法，将数字化转型所需能力按照其发展水平进行排序，并据此将数字化转型成熟度分为入门级、探索级、引领级和领导级等。

一、业务融合视角

对于从业务融合视角进行数字化转型成熟度评估分级，学术界和实践界已有长期的理论探索和经验积累。在这一框架下，业务数字化转型被定义为企业利用信息技术在全生命周期、全产业链及全价值链上进行的发展范式转变。在数字化转型的整体架构中，业务转型扮演着核心角色，旨在解决企业在业务发展中遇到的问题和痛点，通过持续的创新业务模式和产业组织方式实现企业价值。

为了有效推动数字化转型，企业必须深入理解并直面其业务痛点需求，并坚持价值导向的原则。采用基于业务融合视角的方法评估企业的数字化转型成熟度，可以采取多种方式。其中，基于业务融合范围的评估法是一种重要的方法论，它认为业务数字化转型是一个从局部到整体、由小到大的复杂过程。例如，在中国，"两化融合"策略将业务融合分为基础建设、单项应用、综合集成和融合创新四个阶段。这些阶段逐步推进，从为信息技术在业务领域的应用提供资源基础，到信息技术与单个业务环节的结合，进而到信息技术与业务的深度融合，最后实现业务流程的市场和客户导向变革，推动机构变革和模式创新。

在实证研究方面，两化融合服务平台为收集中国工业企业数据提供了重要依托，支持了实证分析和现状评估。例如，一项基于全国超过 5 万家工业企业的数据分析发现，中国的两化融合总体处于中等水平，只有少数企业进入了综合集成和融合创新的发展阶段。这种研究方法有助于揭示企业在数字化转型过程中所面临的挑战与机遇，以及业务融合视角下不同企业间的发展差异。

德国工业 4.0 战略聚焦于业务数字化转型的更高级阶段，重点在于新一代信息通信技术如何推动工业的集成创新。该战略提出的"三项集成"概念，即纵向集成、横向集成和端到端集成，涵盖了企业内部、产业链上下游及产品全生命周期三个维度的集成，旨在构建新的价值生态系统。

二、技术驱动视角

从技术驱动视角进行数字化转型成熟度评估分级在实践领域取得了不俗成绩。数字化转型本质上是由信息通信技术驱动的企业及产业变革过程。在这一过程中，信息通信技术起着内生动力的作用，其影响主要体现在两个方面。一方面，技术的进步，如 5G、工业互联网、数据中心等，提供了物质条件，加速了企业的转型进程。这些技术为企业提供了广泛分布、成本效益高的计算、存储和分析资源，极大地促进了企业数字化转型的便利。另一方面，技术上的创新突破，使一些过去难以实现的转型模式变得可行且经济高效，例如，工业互联网支持下的预测性维护和全局工艺优化，以及 5G 技术支持下的智慧港口和高清质检等新业态的迅速发展。

在技术演进和升级的过程中，新技术的供给能力对业务转型模式产生了影响，带来了业务的根本变革。这种变革呈现出明显的阶段性特征。近年来，信息通信技术进入群体突破阶段，新技术的不断涌现，使学术界开始重视技术驱动视角下的数字化成熟度评估。

在大历史的视角下，德国国家科学与工程院和中国工程院的研究是这种方法的典型代表。德国国家科学与工程院将工业 4.0 的发展划分为计算机化、连接性、可见性、透明性、预测性和适应性六个阶段，为每个阶段所需的能力和企业效益提供了详细说明。这种研究方法展现了智能制造从数字化、网络化到智能化的演进发展历程。从 20 世纪末互联网技术的推动，到 21 世纪初互联网、云计算和大数据等信息技术的集体突破，技术的变革重塑了制造业的技术体系、生产模式和产业形态。

从中短期的视角看，国务院发展研究中心提出的数字化 IT 架构演进路径，包括传统 IT 架构、私有云或公有云、混合云、混合云平台及敏捷开发，反映了数字化投入由购买 IT 硬件产品和系统运维向购买服务及解决方案的发展趋势。

技术驱动视角下的数字化转型成熟度评估模型在实践中受到高度认可。例如，由华为主导的 Open ROADS Community 发布的开放数字化成熟度模型（Open Digital Maturity Model，ODMM）在实践中得到了广泛应用。ODMM 提供了一组结构化的数字化度量标准，使组织能够评估其当前状态与数字化愿景的符合度，并根据这些标准确定转型工作的重点。ODMM 评估的结果是一个量化的、优先级排序的列表，显示了企业数字业务愿景与当前数字化成熟度水平之间的差距，从而帮助企业为数字化转型制订可行的计划。

ODMM 模型将企业的数字化成熟度评估划分为 4 个层次、6 个一级评估维度、18 个二级子维度和 174 个三级评估指标，为企业数字化转型提供了全面而细致的评估框架，如图 8-1 所示。

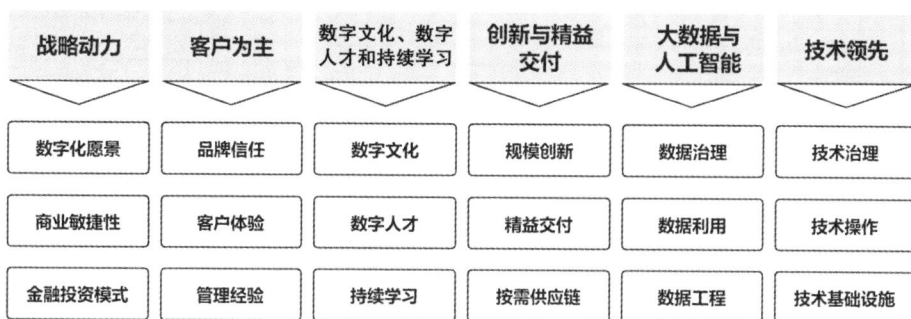

图 8-1 ODMM 的企业数字化成熟度评估框架

图 8-1 为 ODMM 规划的企业数字化水平（成熟度）的评估框架，具体的三级评估指标如表 8-1 所示。

表 8-1　ODMM 企业数字化转型评估指标体系

一级项目	二级项目		三级评估测量指标
战略动力	数字化愿景	目的明确	该企业是否概述了数字化愿景和战略，并阐明了它打算在数字生态系统中扮演的角色？
		追求新价值	管理层是否具备对现有业务的革新能力？是否能提供一个周全计划来尝试新的商业模式，以实现更多企业价值？
		跨行业参与	该企业是否采用开放和扩展的方法与传统关系之外的新参与者接触，以支持其整体企业战略？
	商业敏捷性	协调能力	企业能否有效地协调资源、流程和结构，以便快速有效地实施其战略？
		战略投资组合管理	企业是否决定并应用适当的投资政策来有效管理数字服务组合，以加速采用数字实践和技术？
	金融投资模式	综合数字化运营	数字化能力是否适当地、全面地整合到企业的战略中，同时与必要的传统做法保持一致？
		财务战略	企业的财务战略是否支持长期的、风险更大的战略投资，以支持企业整体愿景的实现？
		投资预算	企业是否采用灵活的预算流程，以便及时评估和资助数字化计划，确保可能的收益与企业的战略相一致？
客户为主	品牌信任	品牌承诺	组织是否在内部和对外提供一个全面、合理和可持续性的品牌承诺，且这个承诺符合利益相关者诉求？
		品牌定位	公司提供和提供的服务和体验是否支持并在理想情况下加强了品牌宣传？
		品牌信任	品牌是否受到所有利益相关者的信任？
	客户体验	个性化和主动性	产品和服务是否根据个人/企业实体的需求主动定制、提供和交付？
		客户可视性和控制	客户能否轻松访问和控制所接受服务的各个方面？
		在线社交	客户是否使用社交渠道和社区与企业及其他客户接触，以获得并提供帮助与支持、宣传、发现新产品并提供反馈？
		结构性和额外价值	是否为客户提供了额外的价值和便利来阻止客户流失？

续表

一级项目	二级项目	三级评估测量指标
客户为主	管理经验	跨职能部门问责	组织内的所有职能部门是否都非常重视客户体验并努力改进?
		经验驱动设计	向最终用户提供的端到端体验是否被视为调整和引入新产品和服务的关键因素吗?
		全渠道管理	全渠道管理是否被视为调整合理化客户接触点的工具,以及持续提高所有接触点的客户体验水平?
		客户体验测量	组织是否能够接触到客户提供的反馈,并根据反馈采取行动?
		单一客户视图	组织是否对每个客户的状态和行为有单一的全面看法?
		合作伙伴协调	组织的合作伙伴是否有类似的客户体验管理实践和标准?
数字文化、数字人才和持续学习	数字文化	数字化领导力	组织是否鼓励和展示数字化领导的特征和行为,如小人式领导和循证管理?
		适应心态与集体习惯	组织如何利用数字连接和资源来鼓励创新和创造共同集体文化的工作环境?
		团队敏捷性和赋权	组织是否可以通过目标和责任,并提供管理工具激励员工由不同技能、职能和地域组成的团队("阿米巴模式")?
		数字化工作场所经验	工作的设计、工作环境和相关的政策是否能带来良好的员工体验?
		社会化媒体互联性	员工是否通过社交媒体参与内部活动?
	数字人才	人才获取	组织在吸引、招聘和留住最佳数字人才方面做得如何?
		扩展劳动力	是否利用了众包和全球信息栅格等非传统人力资源提供的机会?
		动机和成就	员工的积极性和成就感如何?
	持续学习	在职结构化学习	学习是否被视为一种持续的活动,并作为商业运作的一部分受到积极的鼓励和促进?
		组织知识管理	知识在整个组织中的获取和共享情况如何?
		数字化学习支付	组织是否充分利用数字化方法来规划、提供和跟踪个人培训和发展需求?
		资格和认证	组织是否通过认证来培养人才,提高员工的整体数字技能?

续表

一级项目	二级项目	三级评估测量指标
创新与精益交付	规模创新	组织是否在明确界定的范围内创新？
		组织是否与生态系统合作伙伴有效合作以推动创新？
		设计思维是否在组织内广泛实践，以支持以人为中心的想法和解决方案的生成？
		是否制定了有效引入和推动快速采用新数字服务的流程？
		基于真实世界数据的定义又良好的流程是否控制着数字服务/产品的整个生命周期？
	精益交付	在服务/产品开发过程中，需求和解决方案是否通过自组织和跨职能团队及其客户/最终用户的协作而演变？
		是否各自监控解决方案的数据以创建一个完整的堆栈监控显示？
		真实世界的生产信息和反馈是否被用作运营和服务管理的基础？
		开发团队是否在短周期内生产服务/产品，确保服务/产品可以在任何时候可靠地发布给客户/最终用户？
		供应链是否无缝衔接的信息共享紧密结合，以及作为一个整体快速响应不断变化的环境？
	按需供应链	合作伙伴的优化设计价值链是否用于为客户提供最大价值？
大数据与人工智能	数据治理	组织能够提供全面的元数据，并且运用统一的接口或视图以进一步分析、产生最大化业务价值？
		管理共享数据是否可以降低与数据冗余相关的风险，确保较高的质量，并降低数据消费的成本？
		组织是否将质量管理技术应用于数据，以确保数据适合数据消费者的需求？
		组织是否制定了数据资产管理的策略和政策，包括相关数据和信息资产的适当自身验证、授权、访问和审计？
		组织如何规划、制定和执行安全政策和程序，以提供决策数据和执行？

二级项目列：规模创新 / 精益交付 / 按需供应链 / 数据治理
对应三级指标名称：创新范围和准备程度、参与生态系统、设计思维实践、业务推广、生命周期管理、敏捷开发、全栈监控、反馈和分析的响应、持续交付、回应变化、延伸价值链、元数据管理、主数据管理、数据质量、数据战略和政策、数据安全和隐私

续表

一级项目	二级项目	三级评估测量指标
大数据与人工智能	数据利用	数据驱动决策	业务决策是否基于相关数据，而不仅仅是直觉，并由此带来可量化的运营绩效改进？
		数据货币化	是否通过更个性化的营销和销售以及改进业务流程和决策产生额外收入？数据信息是否实现了最佳外部增长？
		数据科学与人工智能	组织是否拥有强大的分析（机器学习／数据科学）能力来描述、预测和改进业务绩效？
		数据可视化	数据的图片和图形表示是否用于帮助解释概念、想法和事实？
	数据工程	数据集成和互操作性	应用程序在组织内部及之间的数据移动和整合是否得到良好管理？
		数据仓库和数据存储	规划、实施和控制过程是否到位，以支持快速方便的报告、查询和分析方便的方式存储数据？
		数据架构和建模	是否确定了组织的数据需求，并制定了主架构以满足这些需求？
	技术治理	网络安全和风险管理	该组织是否有一个强有力和有效的网络安全政策和实践，以确保其信息和通信技术资产的安全，同时实现业务目标？
		开放标准	组织如何有效地利用开放源代码，开放标准和开放平台实现ICT敏捷性？
		技术政策和路线图	组织如何定义和实施其技术战略、治理、架构和路线图，以实现敏捷性，同时确保规模上的协调？
		环境影响和成本	组织如何管理其环境影响，包括能源消耗？
技术领先	技术操作	服务编排	是否有一个完全自动化、自我修复、可扩展和可靠的操作环境？
		可靠性工程	软件工程实践和技术是否应用于云应用操作，以实现更高级别的可靠性和可恢复性？
		开发平台和工具链	组织是否拥有所需的开发平台和支持应用程序，以便使用最合适的技术高效地开发新的应用程序和服务？
		智能自动化	组织是否对过程自动化解决方案，特别是机器人流程自动化进行了适当的调查和投资？
	技术基础设施	云计算	组织是否充分有效地利用了云计算和相关的现代基础设施实践？
		API和微服务	数字服务在多大程度上是使用基于微服务的应用程序编程接口连接来实现的？
		网络虚拟化	网络功能是作为一个在标准服务器硬件上运行的基于软件的实体来实现的？
		千兆连接和物联网	该组织在多大程度上采用了最新的无线、固话、物联网和边缘计算技术来提供数字服务？
		新兴的技术	组织在多大程度上保持对新兴技术的认识和利用？

三、能力基础视角

数字化转型是一场深远而系统的变革，它的影响远远超过技术和业务的范畴，更深层次地依赖于各种能力的基础支撑。在构建数字化企业的过程中，关键在于识别并加强不同阶段所需的多元能力基础。这不仅包括持续的数字资产投资，以形成资本存量，而且涉及与企业战略、组织架构、运营流程和人才管理等互补性资产的相互匹配。在这个背景下，成熟度评估对于帮助企业明确自身的数字化能力和确定是否需要进行符合自身条件的数字化提升改造显得格外重要。这种评估通常由德勤、国际数据公司等咨询机构和西门子等公司提供。

以德国机械设备制造业联合会推出的工业 4.0 准备度自测工具为例，该工具覆盖战略和组织、智能工厂、高效运营、智能产品、数据驱动服务和员工六大关键维度，分为六个等级，帮助企业确定其在数字化转型中的具体位置。德勤公司则制定了一套衡量企业数字化转型整体成熟度的标准，并将企业智能化水平分为五个阶段，这种评估方法依据六大基础能力来评估企业所处的阶段，助力企业准确定位自身的发展状态和方向。西门子公司发布的数字化转型评测工具则通过成熟度分析来评估企业在特定数字化系统、管理执行体系和数据平台等方面的能力。国际数据公司提出的五级成熟度模式揭示了全球超过 40% 的企业仍处于数字化转型的初级阶段，凸显了数字化转型过程中的挑战。

能力基础视角的评估在数字化转型成熟度评估中占据主流，甚至其他两种视角也基本吸纳了能力基础视角，将数字化能力视为其中的重要部分，如中关村信息技术和实体经济融合发展联盟（以下简称"中信联"）构建的《数字化转型新型能力体系建设总体框架》，主要包括新型能力的识别、新型能力的分解与组合、能力单元的建设、新型能力的分级建设等内容，系统阐释新型能力体系建设的主要方法。毕马威和阿里巴巴在其联合发布的《消费品生态全链路数智化转型框架》中也明确指出，中国商业正在由"消费红利"经济向"数智创新"经济进化，发展思路从单节点成本和效率提升，进化为消费品全生态重塑增长方式，数智技术触发了商业生态的全链路数智化转型。阿里巴巴联合毕马威提出了基础设施云化、触点数字化、业务在线化、运营数据化、决策智能化，赋能产业全链路价值重构的消费品生态全链路数智化转型框架。该框架包含 5 项一级能力，25 项核心二级能力指标为评价数智化成熟度和指明未来建设方向提供衡量工具。普华永道在其《企业数字化成熟度评估架构》中将数字组织能力、数据能力和数据技术能力视为框架的三个重要层级。

从应用的广泛性来看，中国信息通信研究院（以下简称"中国信通院"）

提出的企业数字化成熟度模型（Infrastructure and Operation Maturity Model，IOMM）是能力基础视角更具代表性的评估框架（图8-2）。中国信通院认为，不同类型的企业在开展数字化转型时，切入点会因行业不同而有差异。IT驱动型企业通常由IT部门主导数字化转型，首先从数字基础设施方面着手。而非IT驱动型企业则多由业务、商务、财务等部门推动数字化转型，重点放在企业经营和供应链方面。为指导企业更好地进行数字化转型，中国信通院等机构于2020年9月联合发布了IOMM模型。该模型分为两大领域、四大象限、六大能力和六大价值，全面衡量企业数字基础设施的能力和体现出的价值。第一部分分为基础保障类、业务支撑类、平台服务类、客户运营类和创新引领类五类能力成熟度阶段，帮助企业评估数字化能力水平，并以价值分数进行效果验证。

通过以上评估工具和模型，企业可以更准确地了解自身在数字化转型过程中的位置，明确发展方向，最终实现数字化转型的目标。这些评估方法不仅为企业提供了科学的指导，也有助于推动整个产业向更高水平发展，加速数字化转型的步伐。

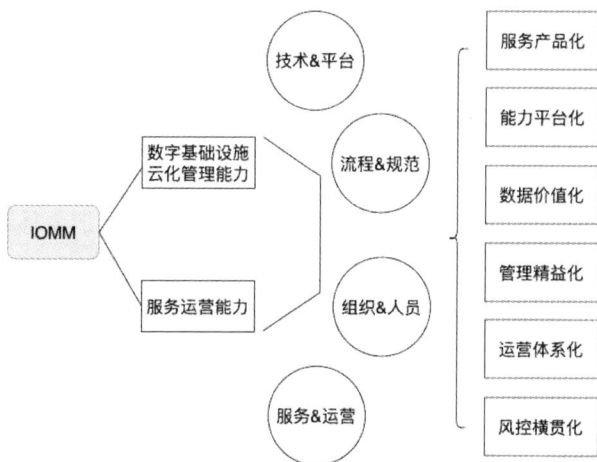

图8-2 中国信通院IOMM数字化成熟度评估框架

三种视角下的评估方法的侧重点在数字化转型的不同方面，各自适用范围不同。业务融合视角的优势更加宏观，可以直接判断企业数字化转型实施的先后顺序，但对于每个成熟度层级所需能力基础和背后的技术驱动力没有顾及。技术驱动视角的优势是可以一目了然地看到不同阶段的主导技术，但是，对业务变革的深浅程度和先后顺序方面存在欠缺。能力视角的优势是理论方面更加深入和全面，可以较好地把握转型背后的基础能力和核心竞争要素，但是，对于企业数字化转型过程中的优先级和驱动力了解不足，而且能力的培育对于企业来说更加艰难。

因此，越来越多的量化研究开始利用多种视角对数字化转型做综合评估。

第二节　可持续供应链管理中的数字化转型评估体系构建

数字化转型的过程不是简单的线性组合，而是由一系列分叉、突变、自组织等复杂行为组成，是一个复杂性系统演变的过程。本部分从架构的理念出发，结合可持续供应链管理的相关理念，构建可持续供应链管理中的数字化转型评估框架，并基于参考架构给出企业在实现可持续发展目标中，数字化转型发展过程的评估指标体系，以指导和帮助企业数字化转型实践。

一、理论架构

企业转型是一个涉及多层级、多方面的复杂系统工程，架构是界定多对象关系的一种理论，能很好地诠释、定义和描述对象及对象之间的关系，本节将从工业4.0、工业互联网、智能制造、两化融合等体系架构出发，深入分析我国制造业数字化转型基础和发展需求，围绕价值（"为什么"）、能力（"有什么"）、要素（"用什么"）和发展水平（"处于什么阶段"）四个基本问题，从价值驱动、能力驱动和要素驱动出发，构建企业数字化转型参考架构，并界定四个等级的发展阶段。

（1）价值驱动。明确价值主张在数字化转型过程中的愿景体现，在这一过程中，数字技术的基本应用是转型发展的起点，企业及其供应链的可持续发展为终点。转型过程中需要兼顾员工、企业、客户、供应链企业间、产业链企业间等利益相关方的诉求，为利益相关方提供创造价值的产品和服务，共同实现可持续发展的愿景。

（2）能力驱动。数字经济时代，企业为应对内外部环境变化的不确定性，关注重点逐步从数字智能化设备设施的引入、管理流程再造和组织优化，转变为企业动态能力提升方面。能力驱动的演进分为两个视角，一是纵向演进，以阿里巴巴和毕马威的研究为主要参考架构，主要分为基础设施云化、触点数字化、业务在线化、运营数据化、决策智能化等；二是横向扩展，主要包括数字化战略能力、数字化管理能力、数字化运营能力、数字化整合能力、数字化人才管理能力及数据与安全能力等。

（3）要素驱动。新一代信息技术向制造业全要素、全价值链、全产业链的渗透和融合，催生出数据这一新的生产要素，并以数据的自动流动带动技术、业务流程、组织结构的互动创新和持续优化，不断提高制造资源的配置效率。要素驱动包括数据集成、流程协同、数据驱动、业务／场景驱动。

（4）成熟度等级与特征。数字化是有成长周期的，是一个从萌芽不断生长，不断成熟的过程。当前学术界和实践界对企业及其供应链的数字化转型水平（或等级）有多种划分方式，典型的有中信联的五级：初始级、单元级、流程级、网络级和生态级。阿里巴巴和毕马威的五级体系：能力缺失、尝试探索、浅层应用、深度掌握和体系成熟。本书主要融合以上研究，以中信联的评级分类方式为主，从企业及其供应链进入数字化转型进程开始，分为四级：探索级、流程级、网络级和生态级。其中，探索级时间漫长，主要特征为数字技术的利用，更多聚焦在企业内部，如传统信息化工具的应用（ERP、MRP 等），可以说，国内大多数企业仍处于探索级，最易出现"信息技术价值悖论"现象。流程级意味着企业已经将数字技术应用到组织内部的业务和运营流程中，这一阶段仍然主要聚焦在企业内部，此时，企业会有意识地革新流程，改变业务结构，以匹配数字化转型。这一阶段的特征是实现了业务在跨部门之间的整合。网络级的主要特征是实现了跨组织的数字化（信息化）集成，在流程级实现了内部整合的基础上，网络级完成了主要供应商和主要客户的数字化整合，实现了业务流、信息流、财务流的融通，尽可能地改变了信息不对称的现象，形成了具有弹性和敏捷性的供应链。生态级则为数字化转型的最高水平，在这个阶段，企业已经超越了传统的业务界限，成为一个在更广泛的产业生态中活跃的数字化参与者，如企业和同行之间、政府与监管机构之间完成了数字化融合。

图 8-3 为可持续供应链管理中的数字化转型评估框架。

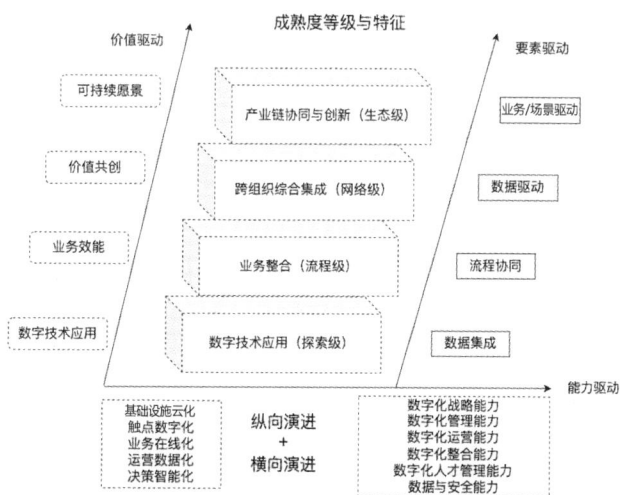

图 8-3　可持续供应链管理中的数字化转型评估框架（笔者自绘）

通过生态级数字化转型的构建，企业可以拥有以下优势。

（1）增强的协同效应。企业能够与供应链伙伴、同行甚至跨行业伙伴有效协作，实现共同的业务目标和创新。

（2）更高的市场适应性。通过对市场趋势的快速响应和创新能力，企业可以更好地适应变化多端的市场环境。

（3）数据驱动的决策制定。企业能够利用大数据和高级分析工具，做出更准确和及时的业务决策。

（4）可持续发展。数字化转型有助于实现更高效的资源使用和更低的环境影响，支持可持续发展目标。

与此同时，企业只有完成生态级的数字化转型，才能推动其供应链和业务伙伴的数字化转型，在不同行业之间实现知识和技术的转移，促进新产品和服务的创新，构建或参与数字平台建设，实现资源共享和业务协同，提高整体市场影响力。

理论结构为企业及其供应链的数字化转型发展提供了框架，给出了基本的、可定义的模块或组件。但是，引导企业及其供应链数字化转型还需一套客观、科学的评价体系。

二、基本原则

（1）科学性。评估框架结构应相对稳定，能够反映数字化发展阶段，指明发展路径。评估指标应能够表征数字化转型的内涵和特征。

（2）实效性。借鉴先进实用的评估方法，吸取优秀实践和典型案例经验，以评估企业数字化转型的能力与效益为重点。

（3）可操作性。评估指标应易于选取，指标体系应易于构建，评估数据应易于采集、可分析。

（4）可扩展性。随着数字化转型持续深入地进行，可在总体框架下进行适时调整和修订。

（5）差异性。制造业不同细分行业、不同数字化发展水平的企业可基于评估框架和评估指标体系进行适应性调整，以体现行业特点。

三、评估框架构建

本评估框架基于理论架构和华为、信通院等企业或咨询机构的评估框架重新修订，主要包括战略、组织与文化评估、数字化基础评估、水平与能力评估、可持续发展效能评估 4 个部分,如图 8-4 所示。

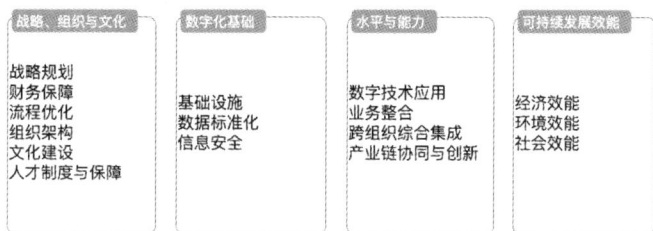

图 8-4 可持续供应链管理中的数字化转型成熟度评估层级与指标体系

四、评价指标体系

(一)战略、组织与文化

本部分旨在通过评估企业发展规划制定与执行,衡量企业数字化转型基础资源支持的水平适度性,主要评估内容包括发展战略、流程与组织、人才保障和资金投入等,具体如表 8-2 所示。

表 8-2 数字化转型成熟度评价指标体系:战略、组织与文化

二级指标	三级指标	评估内容
战略规划	发展规划	评估企业的发展规划中是否有数字化战略,以及企业的数字化战略是否明确,并且是否与总体业务战略一致
	专项规划	企业是否为数字化转型制定专项规划,以及专项规划的目标是否明确
	规划执行与资源分配	检查企业是否有具体的实施计划,包括时间表、目标和预期成果;分析企业是否为数字化转型分配了足够的资源,包括资金、人员和技术
财务保障	专项财务投入	为数字化转型设定专项财务体系和保障
	专项财务预算灵活性	是否允许增加数字化转型专项投入的临时预算
流程优化	流程映射体系	构建流程映射图谱,全面梳理公司业务流程
	流程优化	根据数字化转型的战略目标,有流程优化的方案
组织架构	组织结构调整	企业组织结构和部门设置情况及可能的调整方向,是否增加了数字化转型部门
	设立专项职位	是否设立信息化或数字化转型的专项领导岗位
	建立健全权责体系	该部门的权责,该部门领导的权责情况如何
文化建设	创新文化	评估企业文化是否鼓励创新、实验和风险承担

二级指标	三级指标	评估内容
文化建设	员工参与度	分析员工对数字化转型的态度和参与程度，包括他们的反馈和建议
	培训、学习与发展	评估企业是否提供持续学习和职业发展机会，以支持员工在数字化转型中的成长
	内部沟通	检查企业的内部沟通方式和频率，以及其是否支持了透明和开放的文化
人才制度与保障	人才结构	数字化专职人员队伍建设情况；复合型人才建设情况
	人才吸引与招聘	评估企业的招聘策略是否能有效吸引数字化所需的关键技能人才；分析企业作为雇主的吸引力，包括企业文化、工作环境和职业发展机会；检查新招聘员工的技能和企业数字化需求之间的匹配程度
	绩效管理	评估企业的绩效管理体系是否与数字化转型目标一致；检查企业是否有有效的激励机制来鼓励员工在数字化转型中的贡献；分析员工绩效目标的设定是否与数字化策略和目标相符

（二）数字化基础评估

本部分旨在通过评估与数据相关的基础设施建设情况，衡量企业数字化转型的数据基础保障的水平适度性，主要评估内容包括数据标准化、基础设施和信息安全等，具体如表8-3所示。

表8-3　数字化基础评估指标体系

二级指标	三级指标	评估内容
基础设施	数字化工具和平台	企业内部数字化工具和平台建设；跨组织数字化工具和平台建设与应用
	数据中心	数据中心的建设
	网络基础	管理网络建设和工业网络建设情况
	云计算设施	云服务和云计算设施的应用与建设
数据标准化	数据规范化	数据格式标准化；接口一致性；数据命名规范
	数据质量管理	数据准确性和完整性
	数据共享与协作	数据共享机制，数据协作标准
	数据集成与应用	数据集成范围；数据集成能力；数据应用调取效率
	数据治理	数据治理结构、标准和规划

二级指标	三级指标	评估内容
信息安全	数据安全与合规	规避有授权访问、未授权访问、损坏的策略；数据保护法规的执行与计划；数据加密、备份与保护策略
	信息安全策略	安全技术部署；风险管理；应急响应计划
	安全意识与培训	员工信息安全意识培训

（三）水平与能力评估

本部分测量指标主要包括四个部分：数字技术应用、业务整合、跨组织综合集成和产业链系统与创新，如表8-4所示。

数字技术应用。旨在通过评估数字化技术在研发设计、生产制造、经营管理、市场服务等企业内部各环节的应用和系统集成情况，衡量数字化技术在内部各环节应用的水平与能力级别，主要评估内容包括研发设计、生产制造、经营管理及市场服务等。

业务整合。旨在通过评估企业跨业务环节的业务衔接和集成情况，衡量业务数据集成、业务流程贯通、过程量化管理、基于数据的辅助决策、数字孪生系统应用的水平与能力级别，主要评估内容包括研发设计与生产制造集成、经营管理与生产控制集成、数字孪生系统应用和智能决策辅助等。

跨组织综合集成。旨在通过评估企业跨组织、跨业务环节的业务优化和变革情况，主要衡量企业及其供应链合作伙伴整合集成的水平与能力级别（也包括集团管理模式下的情况），主要评估内容包括供应商系统整合集成、客户系统整合集成与母子（总分）架构的系统集成。

产业链系统与创新。其主要评估内容包括数据驱动的产品（项目）全生命周期管理、流程驱动的价值链网络化重塑、平台化的服务转型、数字化产业和数字化推动创新等。

表8-4 水平与能力评估指标体系

二级指标	三级指标	评估内容
数字技术应用	研发设计	数字化产品原型；产品仿真；工艺模拟；虚拟化试验验证
	生产制造	生产作业计划与生产过程监控
	经营管理	（仓储与物流、生产管理、采购管理、设备管理、质量管理、人力资源管理）数字化工具应用
	市场服务	财务管理；营销管理；售后管理

二级指标	三级指标	评估内容
业务整合	研发设计与生产制造集成	协同设计与优化（资源收集、知识库应用、专家系统等）
	经营管理与生产控制集成	柔性制造（原材料变更、产品变更）；精益制造与敏捷生产；生产与经营管理系统交互
	数字孪生系统应用	企业的数字孪生应用（经营孪生系统、生产孪生系统等）
	智能决策辅助	基于数据支撑运营决策；依托信息化工具的风险管理；数据驱动的决策优化模型的自我完善
跨组织综合集成	供应商系统整合集成	原材料库存监测；需求与订单全过程管理；在线状态监测；财务和售后服务集成
	客户系统整合集成	客户需求管理；订单跟踪全过程管理；客户库存管理；在线状态监测；财务和售后服务集成
	母子（总分）架构的系统集成	数字化平台支撑的集团管控
产业链系统与创新	数据驱动的产品（项目）全生命周期管理	基于产品全生命周期的精准数据服务（预测性维护和寿命预测）；基于项目生命周期的精准管控
	平台化的服务转型	基于工业互联网平台的企业生态构建；平台化商业模式的重构
	流程驱动的价值链网络化重塑	围绕价值链的供应链网络化与全流程协同；供应链成员间的价值共创；与同业竞争者、政府、行业协会的协同
	数字化产业	企业形成资源服务、系统解决方案以对外输出
	数字化推动创新	基于数字化转型的基础和运营创新决策

（四）可持续发展效能评估

当企业及其供应链进行数字化转型时，应该考虑三重底线理论（经济、环境、社会），这有助于实现企业及其供应链的可持续发展。基于三重底线理论，可以构建一个数字化转型成熟度评估体系，该体系将帮助企业全面评估其在数字化转型过程中的绩效，如表8-5所示。

表 8-5　可持续发展效能评估指标体系

二级指标	三级指标	评估内容
经济绩效	数字化投资回报	数字化投资的成本效益和回报率，通过直接和间接投资成本（包括运营成本）与增加的收入和节约的成本（避免的成本）进行测算
	业务流程效率	敏捷 – 生产与流程效率的流程映射和关键考核指标（时间、成本、错误率、吞吐量）比较； 精益 – 成本节约与效益比； 弹性 – 业务中断与风险控制情况
	市场竞争力	市场份额； 销售增长率； 客户忠诚度； 品牌价值
环境效益	资源和能源使用	能源消耗； 水资源消耗； 原材料利用率； 环境友好型生产材料利用； 环境友好型运营材料利用
	废弃物排放	固气液废弃物排放量； 废弃物排放减少量； 材料回收利用率； 政府惩罚成本变化情况
	环境影响	生态足迹与碳足迹； 生态多样性保护和修复措施
	环境友好型创新	企业在数字化过程中对生态友好型产品和服务的开发
社会绩效	社会影响与责任	分析数字化如何影响企业对社会的贡献，包括社区参与和公平贸易
	利益相关者评估	收集和分析来自客户、供应商和社会团体的反馈
	数据安全与隐私	企业在数字化过程中对个人数据的保护和隐私政策

　　基于可持续发展视角下的企业及其供应链数字化转型成熟度评估理论框架和指标体系的构建融合了信息通信技术、数字化能力、可持续供应链管理实践和可持续目标效能，相对而言，这是一个更加完善和优化的框架。

第九章　管理启示与边际贡献

第一节　管理启示

一、加强信息技术建设的层次化理解

2006 年，我国首次提出国家信息化发展战略，它成为我国许多信息技术发展政策的基础。2016 年，我国政府出台了一个纲要，对未来 10 年的信息技术发展进行了规范和指导，提倡加快信息技术发展，信息驱动现代化建设，以及建设网络大国。我国的政策和经济环境为产业的数字化转型提供了肥沃的土壤。一方面，随着"十三五"规划和"中国制造 2025"战略的推进，国家鼓励各行业采用最新的信息技术促进行业的数字化转型，通过优化诸多项目的审批流程来推动信息技术的快速布局，如 5G 技术等，以华为公司为代表的信息技术基础设施和方案供应商迎来了快速发展的红利期。然而，不容忽视的是，我国制造业的信息技术建设目前仍处于略显混乱又极为复杂的局面。

宏观政策已经明确将信息技术定位为经济增长的新基石，并鼓励各行业探索新的治理模式。然而，在信息技术的深层应用方面，仍存在诸多挑战。这些挑战不仅源于不同产业的特征差异，还涉及信息技术的复杂适应性、多样化的应用场景以及不同层次的应用需求。信息技术的快速发展使得为其制定统一的标准或定义成为一项持续的挑战。学者们正在深入研究信息技术的不同应用层次，并提出了多种相关概念。Cheung 等（2018）提出的信息技术体系概念，为我们提供了一个更全面的视角来理解信息技术。这一概念认为，信息技术不仅包括处理、存储和传递信息给内部用户和外部合作伙伴的所有基础设施，还包括组织逻辑和业务应用技能，这些技能针对应用程序、数据和基础架构技术。

许多企业在理解和实施这些关键理念上存在困难，更不用说进行彻底的变革。因此，从宏观政策到企业实践，各级政府、行业协会以及企业本身都需要加强对数字化整合理念的宣传和教育。学术界也应该将宣传重点从单纯的资源管理转向

整合资源的能力，从深入解读政策到指导企业如何有效应用这些政策，以避免陷入技术陷阱和投资黑洞，防止出现政策虽好但执行效果不佳的尴尬局面。

二、发挥供应链数字化能力的积极影响机制

为了实现可持续发展，企业应将目光从对信息技术的"投资"转向将这些基础设施资源"整合"到内外部业务流程、管理策略之中，形成数字化整合的能力或构建更透明的供应链协作环境，因为仅对信息技术基础设施进行投资并不能显著推动可持续供应链实践。而且，企业在践行可持续供应链实践策略时，还应根据选择的可持续供应链实践类型来采用不同的举措提高信息技术利用效率和价值。

具体地，如果企业的生产经营活动更多地通过客户需求传导到企业内部的精益生产和企业与供应商之间的精益供应上（即按需按时生产），且多采用如看板管理和准时生产、统计过程质量控制、质量管理等策略，同时要求供应商也要确保及时供应、企业生产过程和生产质量保持一致等，就要充分重视企业内部，以及与供应商之间的数字化整合，以刺激精益供应链实践，此时，企业与客户之间并不需要投资过多的信息技术基础设施。

如果企业面对的客户需求经常发生变化，且客户的个性化需求较多，为了确保企业能够快速获得这种变化，并灵活调整生产流程，在原料充足的情况下，改变生产资料配给，及时完成客户的需求，就需要较高的沟通效率和信息传输速度，让企业各职能部门之间密切协作，实现企业面向客户的敏捷生产和供货，此时，需要内部有较强的数字化整合能力，而由于需求变化更多的是带来原材料的变化和内部生产流程的改动，企业与客户的数字化整合则显得无足轻重，但是要警惕与供应商的紧密关系。

当企业容易遭遇意外事件和风险时，需要更多践行弹性供应链实践，这意味着企业除了与上下游共享生产、需求和销售信息，做好备份供应商策略，主动进行安全库存管理，还要及时感知意外事件和风险并采取合适的应对措施，以最小的代价恢复生产。面对这些策略，企业需要通过内外部紧密的协作，来对企业在供应链上的生产经营状况进行准确的预测、分析和干预，而紧密的协作又离不开企业运用先进的信息技术进行统筹资源和优化流程的能力，因此，企业应通过投资内部和上下游的信息技术基础设施，来提升全面数字化整合能力。

由于绿色供应链实践需要企业额外的投资，如何发挥这些投资的最大效益是企业关注的核心要点。企业对绿色供应链实践的财务投资虽然有积极效应，但如

果想要更好地发挥财务支持的效用，企业应通过相应的信息技术基础设施与供应商，以及在内部构建较高水平的数字化整合环境，一方面，企业很难控制与上下游供应商的绿色实践；另一方面，与供应商相关的绿色财务投资可能会削弱供应商的权力制约，而内部的绿色财务投资在更紧密的业务单元协作中更易发挥作用。

三、警惕供应链数字化整合带来的"黑暗面（darkside）"

研究发现，企业在推进可持续供应链实践时同样无法避免"技术陷阱"。研究认为，企业在根据自身的生产经营活动状况选择可持续供应链实践组合时，应特别警惕供应链数字化整合可能带来的负面直接效应和"拮抗效应"。

当企业践行敏捷供应链实践时，企业如果拥有与供应商之间更高水平的数字化整合能力后，"信息技术陷阱"就无法避免，而且，信息技术基础设施资源的"技术陷阱"也会通过企业与供应商之间更加紧密的联结体现出来。因此，企业应该特别警惕与供应商之间存在的高水平数字化整合，尤其当企业面对的客户需求和市场不断变化时，应主动弱化与上游的联结，提前做好多供应策略，通过强调内部数字化协同工作来实现对需求变化的快速应对和生产流程的快速调整。

企业通过投资信息技术基础设施来提升与上下游的数字化整合水平时，会对管理支持和绿色供应链实践之间的关系产生负面影响。这种表现具体体现在以下两个方面。

一是企业与供应商的数字化整合和管理支持的交互变量对供应商绿色实践和客户有消极的影响，即企业与供应商之间的深度联结会导致供应商的"对抗性策略"，这种对抗性策略可用于绿色供应链实践过程，企业对绿色实践管理支持的有效性将会被削弱。同时，随着企业与供应商数字化整合水平的提高会导致企业产品和服务的局限性，最终会让企业在与客户的对话中失去主导权，从而造成在推动与客户合作的绿色供应链实践中降低企业的管理支持效率，此时，如果企业在推进绿色供应链实践时更多采取管理要素的投入，则应慎重地保持与供应商之间的合理距离。

二是企业与客户数字化整合在管理支持与供应商和客户绿色实践之间都扮演着负面调节角色。随着供应链的经济重心从供应商转移到了客户，客户在某些情况下可能拥有与供应商同等甚至更大的权力，因为客户拥有更多的产品和服务选择权，这种选择权比以往任何时候都大。因此，企业与客户构建较高水平的数字化整合不仅意味着客户可能受制于企业，也意味着客户可能会利用手中的选择权迫使企业遵守其要求，如阻碍企业对自己关于绿色实践的管理工作。与此同时，由于供应商通常依赖其客户来定义需求、要求和应用场景，因此在"客户－企业－供应商"这样的供应链中，权力往往会随着距终端市场距离的缩短而增加，尤其当供应商处于弱势地位时，这种因为权力不对等而带来的忧虑会加剧，而且会产生传递效应，即客户的"对抗策略"可能会影响供应链的上游。换句话说，如果企业的一个客户因短期利益不愿意践行绿色实践，这种阻碍也会传递给其供应商（企业）及供应商的供应商，因为客户显然离市场需求更近，拥有最终的定价权和市场支配力。因此，当企业与客户拥有高水平的数字化整合时，同样会削弱企业与供应商绿色实践中管理支持的有效性，此时，如果企业想提高管理要素投入的效率，在客户集中度过高、客户权力过高的情况下比较困难，如果客户集中度不高，那么可以通过客户的倾斜来进行权力压制。

四、强调可持续供应链管理的"多元"实践策略组合

可持续产业发展和可持续供应链管理不仅是全球范围关注的焦点，也是应对全球资源枯竭和环境污染严重现状的有力对策。国家除鼓励企业向更加具有可持续性的经济领域投入，推动环境友好和资源高效型产业发展外，也采取了诸多措施规范企业的可持续供应链发展。

全球一些大型企业已开始应对可持续供应链管理的挑战，以回应政府、投资者、消费者和利益相关者带来的外部压力和激励，如戴尔、三星、苹果和华为等著名企业在其拥有的庞大供应链中提供可持续供应链的技术和经济支持，鼓励并推动供应链管理转变，建立可持续发展的供应链，且每年都会出具企业可持续供应链发展报告。第三方机构（如高德纳公司）每年也会发布具有广泛影响力的供应链可持续管理的相关报告。

然而，从诸多企业的可持续发展报告中可以发现，大多数企业对可持续发展的理解更多集中在"绿色实践"方面，企业认为通过采取环保采购、绿色生产和包装、环保运输等就可实现可持续发展。随着对供应链可持续性目标的进一步理解，企业的可持续性目标从环境效益也扩展到了经济和社会责任等方面，而属于传统实践行为的精益实践、敏捷实践和弹性实践也被证实与企业取得可持续性发展目标密切相关，如精益实践的"减少浪费"，敏捷实践的"速度"和企业弹性实践中强调的"风险控制和恢复"都可以促进企业取得可持续性绩效。在对 HW公司的案例分析中也发现，虽然没有明确可持续供应链实践的多元化内涵，但是除了绿色实践，HW 公司同样采取了诸多精益、敏捷和弹性策略来应对企业生产经营活动中的各种情况。

因此，无论是大型企业还是小型企业，在响应国家号召，推动企业的可持续供应链管理时，应把握可持续供应链实践的多元化内涵，应放宽视野，根据企业的战略规划和发展情况制定可持续供应链策略，不能仅聚焦在满足环保要求上，要知道，更高的生产效率、更少的浪费、更好的生产连续性、更强的抗风险能力都是企业取得可持续发展目标的关键。

五、企业应致力于构建更广泛的数字化转型能力

受到调研样本情况和研究深度的限制，本书的实证部分主要聚焦在企业数字化过程中的技术和流程整合，这对于企业初步的数字化转型至关重要。但研究聚焦于技术和市场实践，会忽视长期的战略规划和全面能力的构建。学者和企业都需要认识到，数字化转型不只是技术的整合，这个转型过程包括了战略、管理、运营、人才管理等多个层面。例如，数字化战略能力涉及长期规划和市场定位，管理能力则关注于如何领导和激励一个日益数字化的工作环境等。因此作者认为，在实证研究的基础上，应该构建一个更全面的数字化转型能力评估框架，将数字化整合能力融入更广泛的能力框架中。这包括但不限于：数字化战略能力、数字化管理能力、数字化运营能力、数字化整合能力、数字化人才管理能力、数字化数据与安全能力。企业通过建立这些能力可以形成竞争优势。在数字化日益成为行业标准的时代，能够有效地转型和适应的企业将更有可能实现可持续发展。

同时，由于本书调研的对象主要为制造型企业，中小型企业数量更多，可能有很多企业并没有接触或使用新一代信息技术，如区块链技术、人工智能技术等。在实证研究中，本书虽然认为信息技术的范围应该更广泛，但是受限于实践情况，调研问卷和研究中并没有过多涉及新兴信息技术。企业未来面临新兴技术的冲击时，仍然需要将新兴技术转移至"能力"视角来考量，而非简单的投资。

六、善用可持续发展视角下数字化转型成熟度评估体系

在构建企业及其供应链数字化转型成熟度评估体系时，纳入可持续发展作为一个重要的评估维度具有重要的意义。首先，在全球化的背景下，企业及其供应链在环境、社会和治理方面的表现受到越来越多的关注。其次，将可持续发展纳入评估体系，能够帮助企业更好地响应这一趋势，提高其在全球市场中的竞争力。可持续发展是企业长期经营和增长的关键。通过评估企业在可持续发展方面的成熟度，可以帮助企业识别长期风险和机会，从而做出更明智的战略决策。而且，

将可持续发展作为评估的一部分,鼓励企业在其数字化转型过程中采取创新措施,不仅可以提高自身的运营效率,同时也可以减少对环境的影响。最后,许多国家和地区正在制定更为严格的可持续发展相关法规。将可持续发展纳入评估体系,有助于企业预先适应这些变化,避免未来潜在的合规风险。

企业应该充分吸收评估体系中对可持续发展效能的评估模块。审查企业是否有明确的可持续发展战略和这些战略是否得到有效实施,加强企业在减少碳足迹、节能减排、循环利用、内部治理、透明度、合规性等方面的投入。

第二节　边际贡献

一、丰富了组合策略中可持续供应链实践影响因素的研究

基于三重底线理论的经济绩效、环境绩效和社会绩效成为可持续供应链实践的目标,随着研究的推进,精益供应链实践、敏捷供应链实践、弹性供应链实践和绿色供应链实践被证明与企业的可持续性目标密切相关,而且企业也在运用各种组合实践策略来实现基于三重底线理论的供应链可持续性绩效。在探索性案例分析部分,HW 公司已经明确提出精益供应链实践、敏捷供应链实践、弹性供应链实践和绿色供应链实践的协同运作,而 FR 公司虽然无法清晰区分部分实践策略,但在实践中,依然有各种可持续策略的组合运用。

国外学者已经提出了可持续供应链实践的 LARG 框架,但仅作为标杆测试,对于基于 LARG 框架的可持续供应链实践前因的探索依然处于空白阶段,国内并无相关研究。本书对当前供应链领域的两大核心议题:信息技术在供应链中的应用与可持续政策在供应链中的实施进行有机结合,将供应链上的信息技术体系二维化解构为信息技术基础设施与数字化整合,探索了这两种不同的信息技术应用特征对可持续供应链实践的不同影响机制。研究不仅符合理论研究趋势和实践发展现状,也填补了国内对具有更广泛内涵的可持续供应链实践相关研究的空缺。

二、多理论视角解释与解决"信息技术价值悖论"

一直以来,信息技术在供应链领域中的作用路径和效益的证据并不充分,对于信息技术基础设施的过度重视和依赖导致诸多企业虽然拥有较好的信息技术和系统,但在组织、支持和促进高度复杂的供应链业务流程时,未能理解信息技术

真正的作用机制，最终导致投资和预期收益之间存在滞后性，因为企业难以理解组织内外部边界应该具有怎样的界限，如何与外部互动，以及如何整合。

有学者指出，信息技术在供应链管理中的收益是主观且相对的，一方面可以通过这些技术和系统来优化供应链实践，改造供应链流程，成为企业构建核心能力和营造更加透明的供应链环境的重要基础；另一方面，对信息技术基础设施的投资势必给企业带来成本上的负担，企业的短期利益受到损害，更有甚者，如果无法有效地将信息技术基础设施集成到供应链业务流程中，还会出现"技术陷阱"，所以学术界期望找到一个单一的最佳理论或框架来解释其作用机制是不现实的。本书运用多种理论对信息技术基础设施、供应链数字化整合及可持续供应链实践之间的关系进行论述，不仅完善了可持续供应链管理领域的理论架构，也为供应链领域中信息技术基础设施及其深度应用提供了理论支撑，还为这些理论提供了更丰富的实践证据，具体如下。

（一）拓展了企业吸收能力理论的内涵

被广泛使用的吸收能力的定义是由 Cohen 等（1990）提出的，他们将其定义为企业识别评价、消化和应用外部新知识的能力，认为企业的吸收能力应基于个体（员工）吸收能力的理解，并建议对吸收能力的讨论应向组织层面拓展。后续也有学者从组织层面对吸收能力进行了更丰富的阐述。由于企业吸收能力理论主要源于企业对知识和创新之间关系的论述，所以很多研究集中在"吸收能力—组织/技术创新和创新绩效"这一关键路径上，甚至实证研究中对企业吸收能力的测量多以研发投入强度、专利等变量代替测量（多见于基于面板数据的实证研究中）。

随着供应链研究领域对企业吸收能力理论的引入，学者们开始尝试探索企业吸收能力在供应链中的作用机制，如 Tu 等（2006）通过实证研究检验了吸收能力与制造实践（精益实践）的关系；Liu 等（2013）讨论了吸收能力对企业敏捷策略的影响；Saenz 等（2014）讨论了企业的吸收能力对企业效率的影响，并认为吸收能力在组织相容性和企业效率之间扮演中介角色。

同时也有学者认为，应扩大对企业吸收能力的前因研究，传统企业吸收能力理论更多聚焦在企业内源、外源知识上，但是知识应该是广义的，一切有利于企业生产和发展的信息、技术等都可以是知识的一种，如根据 Roberts(2012)的观点，商业 IT 知识(Business-IT Knowledge)是企业整体知识库中的重要组成部分之一。根据本书对供应链数字化整合的界定，认为供应链数字化整合是企业运用信息技术资源协同或优化组织内外部流程的一种能力，该概念本身就较为契合企业吸收能力理论的经典三维度，即识别（获取）、消化和应用。企业根据需要投入信息技术基础设施后（获取），对于这些资源的理解自然就是知识，企业应该理解这些信息技术基础设施与业务流程/策略的对接（消化），将信息技术基础设施应用到资源协同和组织内外部流程优化中（应用），进而推动企业实践活动，以取得竞争优势或期望的绩效。

近几年来，供应链领域的学者也尝试将目光聚焦在这一方向，认为应该从信息技术和内外部协作联合起来培养企业的吸收能力，Liu 等（2013）在其实证研究中构建了"信息技术基础设施—吸收能力—企业敏捷策略—绩效"的模型，并认为吸收能力扮演着中介作用。

因此，本书不仅扩展了企业吸收能力的前因研究，同时将信息技术资源视为一种知识，丰富了企业吸收能力在供应链层面的内涵，认为供应链数字化整合符合企业吸收能力的经典三维度，是企业与信息技术相关的吸收能力。本书响应了 Roberts 等（2012）的倡议："IS 领域研究学者应充分描述信息技术与吸收能力之间的关系，对信息技术与吸收能力之间的关系进行整体研究。"

（二）验证了复杂适应性理论的解释

复杂适应性理论认为供应链是一个复杂适应系统，企业在供应链上的信息化过程同样是一个复杂适应性过程，由于信息化过程的多主体性、多阶段性和多层次性等特征，会导致企业在供应链上推行全面信息化时遇到各种阻碍，这也是企业投资信息技术基础设施时可能产生"信息技术价值悖论"和"技术陷阱"的根源。正如 Pinsonneault 等（1998）的观点，要将信息技术基础设施和工作流程、管理策略进行集成，形成信息技术深度应用能力，或者构建一种更加紧密的新型协作和联结模式，才能发挥信息技术的价值。

本书对这一理论进行了更深入的分析，提出了供应链数字化整合的概念，认为供应链数字化整合是企业运用信息技术基础设施掌控企业内外部资源、优化供应链流程的更高阶能力，同时也代表企业与供应链合作伙伴间更高水平的联结和协作模式。本书将供应链信息技术视为一种二维化的体系，可以解构为信息技术基础设施和供应链数字化整合两个维度，契合了复杂适应性理论中企业在供应链信息化过程中可能存在的复杂特征，并给出了实证检验证据，在企业推动供应链信息化过程中，强调了企业面对不同参与主体时，如何才能更好地运用信息技术基础设施推动数字化整合水平的提升。

（三）深化了资源依赖理论的应用

供应链中各企业是相互依赖的，因为资源的异质性形成了一种产业链条，但是这种依赖具有不对称性，因为企业在供应链中有不同的地位、资源，从而导致了权力的差异，正如案例分析中 HW 公司和 FR 公司一样。资源依赖理论普遍认为，企业在供应链中主要存在两个目标：减少对他人的依赖和提高他人对自己的依赖。当一方比另一方更加依赖对方时，这意味着可能会出现双方权力的失衡，而被依赖的一方可能拥有更大的权力，从而会采取更有主导性的实践活动，以谋求更大的利益。

正如前文所言，供应链数字化整合不仅代表企业掌控内外部资源的能力，还代表企业与供应链伙伴间更加紧密的联结和协作模式，如果企业与供应链上下游合作伙伴之间有较高水平的数字化整合，意味着企业无法轻易更换供应商，或受制于核心客户，此时供应商和客户相对于企业来说就有更大的权力，而企业对绿色供应链的管理支持效用会被削弱，比如，企业参与的上下游绿色管理培训等工作会受到阻碍，这种"黑暗面"在供应链关系管理文献中已经受到学者们的关注（如 Oliveira et al., 2019）。此外，研究还验证了企业如果在供应商之间构建了较高的协作水平，也可能会给企业在推进敏捷供应链实践时带来负面效应，这种负面效应主要表现在，较高强度的虚拟联结可能会"僵化"合作关系，让企业缺失"腾挪空间"。

探索性案例分析中的 FR 公司案例详细解释了以上现象，一方面，FR 公司很明显不仅受制于主要大客户，而且受制于核心供应商（如蓝牙芯片厂、机械轴体生产商等），这时如果企业推进敏捷供应链实践，不管是更好地满足客户的需求变化还是对市场变化的应对，受限于可能的成本调整和任务变动，其上游的供应商都不会轻易配合（拥有稀缺资源的供应商往往拥有讨价还价的权力和资本），更不用谈企业对核心供应商根本无法建立起灵活的供应策略和评估机制；另一方面，FR 公司的合作伙伴考虑到在推进绿色供应链实践时将产生诸多复杂问题，如绿色包装、设计和流程的重构等，他们会采取被动策略，如管理对抗和"磨洋工"，以减少对公司短期利益的损害。因此，资源依赖理论对于解释企业与上下游之间存在较高的数字化整合水平而可能带来负面效应提供了理论支撑，本书也为这一理论提供了可持续供应链领域中的实践和案例证据。

三、论证了财务支持与绿色供应链实践之间的关系

本书通过文献述评发现，除了来自政府层面的法律法规、利益相关者和监管机构的压力，以及企业本身对环境保护的愿景，大多数的研究都将绿色供应链实践的重要诱因归于管理要素，如最高层和中层的承诺、跨职能部门协作、全面的环境质量管理等，但是相对于精益供应链实践、敏捷供应链实践和弹性供应链实践，绿色供应链实践需要企业投入额外的人力、物力和财力。虽然绿色供应链实

践可以帮助企业获得长期经济效益，但是一些短期必须要负担的成本却被大多数学者忽视了。在现实中，企业（尤其是中小型企业）仍然会由于短期利益或经营状况，并不愿意投资绿色供应链实践。因此，充足的财务投资是企业推进绿色供应链实践的重要前因之一。长期以来，学者们都忽略了探究财务支持对绿色供应链实践的影响，尤其缺乏财务支持与绿色供应链之间关系的实证研究，本书弥补了这一不足。

四、构建了可持续发展视角下的企业数字化转型评估理论框架和评估体系

实践界和学术界在对企业数字化转型成熟度进行评估时，通常的做法是集中关注企业内部的数字化变革和进步，然而这种方法忽略了一个关键因素：企业并非孤立存在，而是供应链和更广泛商业生态系统的一部分。现有的评估模型没有从供应链视角和可持续发展政策角度进行考量，这限制了对数字化转型全面影响的理解。为此，结合可持续发展和数字化转型的跨学科方法不仅拓宽了评估的视野，还强调了企业在其经营活动中对环境和社会的影响。这种方法体现出，企业的数字化转型不仅是内部流程的更新，更是在全球化背景下应对环境、社会和经济挑战的关键。

将可持续发展纳入数字化转型的评估中，这种全面的方法有助于企业在追求短期利益的同时，考虑长期的环境和社会责任。通过这样的整合，企业不仅能够提升其在全球市场中的竞争力，而且还能够更好地适应不断变化的市场需求和监管环境。例如，企业可以通过数字化手段优化资源使用、减少浪费，同时提高运营效率和灵活性。此外，这种跨学科视角促使企业在政策制定和行业标准设立方面展现出更强的前瞻性和协作精神。总的来说，将可持续发展纳入数字化转型评估的方法，不仅提高了企业的长期竞争力，而且也为企业在全球化时代中的持续发展铺平了道路。

参 考 文 献

侯光文，高晨曦，2022. 数字化转型能力视角下企业网络结构对企业创新绩效的影响研究 [J]. 科技管理研究，42(1):106–111.

贾强法，2018. 我国农产品绿色供应链的新型流通模式构建 [J]. 农业经济，(8):126–128.

荆浩，任兴敏，2023. 数字化转型情境下数字化能力研究现状与展望 [J]. 沈阳航空航天大学学报，40(3):71–84.

牟小俐，孙艳华，2012. 绿色供应链信息集成模式研究 [J]. 物流技术，31(12):366–368.

王孟成，2014. 潜变量建模与 Mplus 应用 [M]. 重庆：重庆大学出版社 .

温忠麟，叶宝娟，2014. 中介效应分析：方法和模型发展 [J]. 心理科学进展，22(5):731.

杨学坤，2012. 基于绿色供应链管理的山东半岛纺织业信息化路径分析 [J]. 科技管理研究，32(3): 170–173.

姚小涛，亓晖，刘琳琳，等，2022. 企业数字化转型：再认识与再出发 [J]. 西安交通大学学报 (社会科学版)，42(3): 1–9.

周文辉，孙杰，2020. 创业孵化平台数字化动态能力构建 [J]. 科学学研究，38(11):9.

AGYEMANG M, ZHU Q, ADZANYO M, et al., 2018. Evaluating barriers to green supply chain redesign and implementation of related practices in the West Africa cashew industry[J].Resources, Conservation and Recycling, (136):209–222.

AHI P, SEARCY C, 2013.A comparative literature analysis of definitions for green and sustainable supply chain management[J].Journal of cleaner production,52:329–341.

AVELAR-SOSA L,GARCÍA-ALCARAZ J L,MEJÍA-MUÑOZ J M,et al.,2018. Government support and market proximity: exploring their relationship with supply chain agility and financial performance[J].Sustainability, 10(7): 2441.

AZEVEDO S G,CARVALHO H, CRUZ-MACHADO V,2016.LARG index:A benchmarking tool for improving the leanness, agility, resilience and greenness of the automotive supply chain[J].Benchmarking: An International Journal,23(6):1472-1499.

BANKOLE DR F,MIMBI L,2017.ICT infrastructure and it's impact on nationaldevelopment: a research direction for Africa[J].The African Journal of Information Systems, 9(2): 1.

BARGSHADY G, ZAHRAEE S M, AHMADI M, et al., 2016. The effect of information technology on the agility of the supply chain in the Iranian power plant industry[J]. Journal of Manufacturing Technology Management, 27(3): 427-442.

CHAKRABORTY S, GONZALEZ J A,2018.An integrated lean supply chain framework for US Hospitals[J]. Operations and Supply Chain Management: An International Journal.

CICCULLO F, PERO M, CARIDI M, et al., 2018.Integrating the environmental and social sustainability pillars into the lean and agile supply chain management paradigms:A literature review and future research directions[J].Journal of cleaner production, 172: 2336-2350.

DANIEL E, KODWANI D, DATTA S,2009.The impact of ICT-enabled offshoring announcements on share prices[J]. Journal of Enterprise Information Management, 22(3), 241-256.

DIABAT A, GOVINDAN K, 2011.An analysis of the drivers affecting the implementation of green supply chain management[J].Resources, conservation and recycling, 55(6): 659-667.

FLYNN B, KOUFTEROS X, LU G, 2016.On theory in supply chain uncertainty and its implications for supply chain integration[J]. Journal of Supply Chain Management, 52（3）: 3-27.

GARCIA-ALCARAZ J L, MALDONADO-MACIAS A A, ALOR-HERNANDEZ G, et al., 2017.The impact of information and communication technologies (ICT) on agility, operating, and economical performance of supply chain[J]. Advances in Production Engineering & Management, 12(1): 29.

GHOBAKHLOO M, AZAR A, FATHI M, 2018.Lean-green manufacturing: the enabling role of information technology resource[J].Kybernetes, 47(9): 1752-1777.

HUO B, GU M, WANG Z, 2019.Green or lean? A supply chain approach to sustainable performance[J].Journal of cleaner production, 216: 152–166.

HUO B, YE Y, ZHAO X, et al., 2016.The impact of human capital on supply chain integration and competitive performance[J].International Journal of Production Economics, 178: 132–143.

INMAN R A, GREEN K W,2018.Lean and green combine to impact environmental and operational performance[J].International Journal of Production Research, 56(14): 4802–4818.

KAPLAN S, SAWHNEY M,2000.B2B E–Commerce hubs: towards a taxonomy of business models[J]. Harvard Business Review, 79(3): 97–100.

KETOKIVI M, MCINTOSH C N, 2017.Addressing the endogeneity dilemma in operations management research: Theoretical, empirical, and pragmatic considerations[J].Journal of Operations Management, 52: 1–14.

KHAN S A R, GODIL D I, JABBOUR C J C, et al., 2021.Green data analytics, blockchain technology for sustainable development, and sustainable supply chain practices: evidence from small and medium enterprises[J]. Annals of Operations Research,21: 1–25.

LUMINEAU F, OLIVEIRA N, 2020. Reinvigorating the study of opportunism in supply chain management[J]. Journal of Supply Chain Management, 56(1): 73–87.

MENDOZA–FONG J R, GARCÍA–ALCARAZ J L, JIMÉNEZ MACIAS E, et al.,2018.Role of information and communication technology in green supply chain implementation and companies'performance[J].Sustainability, 10(6): 1793.

MOVAHEDIPOUR M, ZENG J, YANG M, et al., 2018.Supply–chain sustainability barriers: an empirical assessment[J].Human Systems Management, 37(1): 27–43.

MOYANO–FUENTES J,BRUQUE–CÁMARA S,MAQUEIRA–MARIN J M,2019. Development and validation of a lean supply chain management measurement instrument[J]. Production Planning & Control, 30(1): 20–32.

MOYANO–FUENTES J, MARTÍNEZ–JURADO P J, MAQUEIRA–MARÍN J M, et al., 2012.Impact of use of information technology on lean production adoption: evidence from the automotive industry[J]. International Journal of Technology Management, 57(1): 132–148.

NARASIMHAN R, SWINK M, KIM S W, 2006.Disentangling leanness and agility: an empirical investigation[J].Journal of operations management, 24(5):440–457.

NEGRÃO L, GODINHO FILHO M, MARODIN G,2017.Lean practices and their effect on performance: a literature review[J]. Production Planning & Control, 28(1): 33–56.

OGHAZI P, RAD F F, KARLSSON S, et al.,2018. RFID and ERP systems in supply chain management[J].European Journal of Management and Business Economics,27(2):171–182.

PINSONNEAULT A, RIVAED S, 1998.Information technology and the nature of managerial work: From the productivity paradox to the Icarus paradox?[J].MIS quarterly,22(3):287.

RUIZ–BENITEZ R, LÓPEZ C, REAL J C, 2017.Environmental benefits of lean, green and resilient supply chain management: The case of the aerospace sector[J]. Journal of cleaner production, 167: 850–862.

RUIZ–BENITEZ R, LÓPEZ C, REAL J C, 2018.The lean and resilient management of the supply chain and its impact on performance[J]. International Journal of Production Economics,203: 190–202.

SAYYADI TOORANLOO H, ALAVI M, SAGHAFI S, 2018.Evaluating indicators of the agility of the green supply chain[J].Competitiveness Review: An International Business Journal, 28(5): 541–563.

SO S, SUN H, 2010.Supplier integration strategy for lean manufacturing adoption in electronic–enabled supply chains[J].Supply Chain Management: An International Journal, 15(6): 474–487.

SPEIER C, MOLLENKOPF D, STANK T P, 2008.The role of information integration in facilitating 21st century supply chains: a theory–based perspective[J]. Transportation Journal, 47(2): 21–38.

SWAFFORD P M, GHOSH S, MURTHY N, 2008.Achieving supply chain agility through IT integration and flexibility[J].International Journal of Production Economics, 116（2）: 288–297.

TARAFDAR M, QRUNFLEH S,2017.Agile supply chain strategy and supply chain performance: complementary roles of supply chain practices and information systems capability for agility[J].International Journal of Production Research, 55(4): 925–938.

TERRY ANTHONY BYRD,2000. Measuring the flexibility of information technology infrastructure: Exploratory analysis of a construct. Journal of management information systems, 17(1), 167–208.

THONI A, T JOA A M, 2017.Information technology for sustainable supply chain management: a literature survey[J]. Enterprise Information Systems, 11(6): 828–858.

TONG Y, LI Y, 2018.External Intervention or Internal Coordination? Incentives to Promote Sustainable Development through Green Supply Chains[J]. Sustainability, 10(8): 2857.

TSENG M L, ISLAN M S, KARIA N, et al., 2019.A literature review on green supply chain management: Trends and future challenges[J]. Resources, Conservation and Recycling, 141: 145–162.

VACHON S, KLASSEN R D,2006.Extending green practices across the supply chain: the impact of upstream and downstream integration[J]. International journal of operations & Production Management, 26(7): 795–821.

WADE M, HULLAND J,2004.The resource–based view and information systems research: Review, extension, and suggestions for future research[J]. MIS quarterly, 107–142.

YILDIZ ÇANKAYA S, SEZEN B, 2019. Effects of green supply chain management practices on sustainability performance[J]. Journal of Manufacturing Technology Management, 30(1): 98–121.

YU W, CHAVEZ R, FENG M, et al., 2014.Integrated green supply chain management and operational performance[J].Supply Chain Management: An International Journal, 19(5): 683–696.